PREFACIO

La colección de guías de conversación para viajar "Todo irá bien" publicada por T&P Books está diseñada para personas que viajan al extranjero para turismo y negocios. Las guías contienen lo más importante - los elementos esenciales para una comunicación básica.Éste es un conjunto de frases imprescindibles para "sobrevivir" mientras está en el extranjero.

Esta guía de conversación le ayudará en la mayoría de los casos donde usted necesite pedir algo, conseguir direcciones, saber cuánto cuesta algo, etc. Puede también resolver situaciones difíciles de la comunicación donde los gestos no pueden ayudar.

Este libro contiene muchas frases que han sido agrupadas según los temas más relevantes. Una sección separada del libro también ofrece un pequeño diccionario con más de 1.500 palabras importantes y útiles.

Llévese la guía de conversación "Todo irá bien" en el camino y tendrá una insustituible compañera de viaje que le ayudará a salir de cualquier situación y le enseñará a no temer hablar con extranjeros.

TABLA DE CONTENIDOS

T&P Books Publishing

Colección de guías de conversación
"¡Todo irá bien!"

T&P Books Publishing

GUÍA DE CONVERSACIÓN
ÁRABE

LAS PALABRAS Y LAS FRASES MÁS ÚTILES

Esta Guía de Conversación contiene las frases y las preguntas más comunes necesitadas para una comunicación básica con extranjeros

Andrey Taranov

T&P BOOKS

Guía de conversación + diccionario de 1500 palabras

Guía de conversación Español-Árabe egipcio y diccionario conciso de 1500 palabras

por Andrey Taranov

La colección de guías de conversación para viajar "Todo irá bien" publicada por T&P Books está diseñada para personas que viajan al extranjero para turismo y negocios. Las guías contienen lo más importante - los elementos esenciales para una comunicación básica. Éste es un conjunto de frases imprescindibles para "sobrevivir" mientras está en el extranjero.

Una otra sección del libro también ofrece un pequeño diccionario con más de 1.500 palabras útiles. El diccionario incluye muchos términos gastronómicos y será de gran ayuda para pedir los alimentos en un restaurante o comprando comestibles en la tienda.

T&P Books Publishing
www.tpbooks.com

ISBN: 978-1-78716-964-7

Este libro está disponible en formato electrónico o de E-Book también.
Visite www.tpbooks.com o las librerías electrónicas más destacadas en la Red.

PRONUNCIACIÓN

T&P alfabeto fonético	Ejemplo Árabe Egipcio	Ejemplo español
[a]	[ṭaffa] طفّى	radio
[ā]	[eχtār] إختار	contraataque
[e]	[setta] ستّة	verano
[i]	[minā'] ميناء	ilegal
[ī]	[ebrīl] إبريل	destino
[o]	[oɣosṭos] أغسطس	bordado
[ō]	[ḥalazōn] حلزون	domicilio
[u]	[kalkutta] كلكتا	mundo
[ū]	[gamūs] جاموس	nocturna
[b]	[bedāya] بداية	en barco
[d]	[sa'āda] سعادة	desierto
[ḍ]	[waḍ'] وضع	[d] faríngea
[ʒ]	[arʒantīn] الأرجنتين	adyacente
[ẓ]	[ẓahar] ظهر	[z] faríngea
[f]	[xafīf] خفيف	golf
[g]	[bahga] بهجة	jugada
[h]	[ettegāh] إتّجاه	registro
[ḥ]	[ḥabb] حبّ	[h] faríngea
[y]	[dahaby] ذهبي	asiento
[k]	[korsy] كرسي	charco
[l]	[lammaḥ] لمّح	lira
[m]	[marṣad] مرصد	nombre
[n]	[ganūb] جنوب	sonar
[p]	[kaputʃino] كابتشينو	precio
[q]	[wasaq] وثق	catástrofe
[r]	[roḥe] روح	era, alfombra
[s]	[soχreya] سخرية	salva
[ṣ]	[me'ṣam] معصم	[s] faríngea
[ʃ]	['aʃā'] عشاء	shopping
[t]	[tanūb] تنوب	torre
[ṭ]	[xarīṭa] خريطة	[t] faríngea
[θ]	[mamūθ] ماموث	pinzas
[v]	[vietnām] فيتنام	travieso
[w]	[wadda'] ودّع	acuerdo
[χ]	[baχīl] بخيل	reloj
[ɣ]	[etɣadda] إتغدّى	amigo, magnífico

T&P alfabeto fonético	Ejemplo Árabe Egipcio	Ejemplo español
[z]	**[me'za] معزة**	desde
['] (ayn)	**[sab'a] سبعة**	fricativa faríngea sonora
['] (hamza)	**[sa'al] سأل**	oclusiva glotal sorda

LISTA DE ABREVIATURAS

Abreviatura en Árabe Egipcio

du	-	sustantivo plural (doble)
f	-	sustantivo femenino
m	-	sustantivo masculino
pl	-	plural

Abreviatura en español

adj	-	adjetivo
adv	-	adverbio
anim.	-	animado
conj	-	conjunción
etc.	-	etcétera
f	-	sustantivo femenino
f pl	-	femenino plural
fam.	-	uso familiar
fem.	-	femenino
form.	-	uso formal
inanim.	-	inanimado
innum.	-	innumerable
m	-	sustantivo masculino
m pl	-	masculino plural
m, f	-	masculino, femenino
masc.	-	masculino
mat	-	matemáticas
mil.	-	militar
num.	-	numerable
p.ej.	-	por ejemplo
pl	-	plural
pron	-	pronombre
sg	-	singular
v aux	-	verbo auxiliar
vi	-	verbo intransitivo
vi, vt	-	verbo intransitivo, verbo transitivo
vr	-	verbo reflexivo
vt	-	verbo transitivo

GUÍA DE CONVERSACIÓN ÁRABE

Esta sección contiene frases importantes que pueden resultar útiles en varias situaciones de la vida real. La Guía le ayudará a pedir direcciones, aclaración sobre precio, comprar billetes, y pedir alimentos en un restaurante

T&P Books Publishing

CONTENIDO DE LA GUÍA DE CONVERSACIÓN

T&P Books Publishing

Lo más imprescindible

Perdone, …	law samaḥt, … لو سمحت، …
Hola.	as salāmu ʿalaykum السلام عليكم
Gracias.	ʃukran شكرا
Sí.	naʿam نعم
No.	la لا
No lo sé.	la aʿrif لا أعرف
¿Dónde? | ¿A dónde? | ¿Cuándo?	ayna? | ila ayna? | mata? أين؟ ا إلى أين؟ ا متى؟
Necesito …	ana aḥtāʒ ila … أنا أحتاج إلى…
Quiero …	ana urīd … أنا أريد …
¿Tiene …?	hal ʿindak …? هل عندك… ؟
¿Hay … por aquí?	hal yūʒad huna …? هل يوجد هنا …؟
¿Puedo …?	hal yumkinuni …? هل يمكنني…؟
…, por favor? (petición educada)	… min faḍlak … من فضلك
Busco …	abḥaθ ʿan … أبحث عن …
el servicio	ḥammām حمام
un cajero automático	mākīnat ṣarrāf ʾāliy ماكينة صراف آلي
una farmacia	ṣaydaliyya صيدلية
el hospital	mustaʃfa مستشفى
la comisaría	qism aʃ ʃurṭa قسم شرطة
el metro	mitru al anfāq مترو الأنفاق

un taxi	taksi **تاكسي**
la estación de tren	mahaṭṭat al qiṭār **محطة القطار**

Me llamo ...	ismi ... **إسمي...**
¿Cómo se llama?	ma smuka? **ما اسمك؟**
¿Puede ayudarme, por favor?	sā'idni min faḍlak **ساعدني من فضلك**
Tengo un problema.	'indi muʃkila **عندي مشكلة**
Me encuentro mal.	la aʃ'ur bi χayr **لا أشعر بخير**
¡Llame a una ambulancia!	ittaṣil bil is'āf! **إتصل بالإسعاف!**
¿Puedo llamar, por favor?	hal yumkinuni iʒrā' mukālama tilifūniyya? **هل يمكنني إجراء مكالمة هاتفية؟**

Lo siento.	ana 'āṣif **أنا آسف**
De nada.	al 'afw **العفو**

Yo	ana **أنا**
tú	anṭa **أنت**
él	huwa **هو**
ella	hiya **هي**
ellos	hum **هم**
ellas	hum **هم**
nosotros /nosotras/	naḥnu **نحن**
ustedes, vosotros	anṭum **أنتم**
usted	haḍritak **حضرتك**

ENTRADA	duχūl **دخول**
SALIDA	χurūʒ **خروج**
FUERA DE SERVICIO	mu'aṭṭal **معطل**
CERRADO	muɣlaq **مغلق**

ABIERTO	maftūḥ مفتوح
PARA SEÑORAS	lis sayyidāt للسيدات
PARA CABALLEROS	lir riʒāl للرجال

Preguntas

¿Dónde?	ayna? أين؟
¿A dónde?	ila ayna? إلى أين؟
¿De dónde?	min ayna? من أين؟
¿Por qué?	limāða? لماذا؟
¿Con que razón?	li ayy sabab? لأي سبب؟
¿Cuándo?	mata? متى؟
¿Cuánto tiempo?	kam waqt? كم وقتا؟
¿A qué hora?	fi ayy sā'a? في أي ساعة؟
¿Cuánto?	bikam? بكم؟
¿Tiene ...?	hal 'indak ...? هل عندك ...؟
¿Dónde está ...?	ayna ...? أين ...؟
¿Qué hora es?	as sā'a kam? الساعة كم؟
¿Puedo llamar, por favor?	hal yumkinuni iʒrā' mukālama tilifūniyya? هل يمكنني إجراء مكالمة هاتفية؟
¿Quién es?	man hunāk? من هناك؟
¿Se puede fumar aquí?	hal yumkinuni at tadχīn huna? هل يمكنني التدخين هنا؟
¿Puedo ...?	hal yumkinuni ...? هل يمكنني ...؟

Necesidades

Quisiera ...	urīd an ... **أريد أن...**
No quiero ...	la urīd an ... **لا أريد أن...**
Tengo sed.	ana ʿaṭʃān **أنا عطشان**
Tengo sueño.	urīd an anām **أريد أن أنام**
Quiero ...	urīd an ... **أريد أن...**
lavarme	aɣtasil **أغتسل**
cepillarme los dientes	unazzif asnāni **أنظف أسناني**
descansar un momento	astarīḥ qalīlan **أستريح قليلا**
cambiarme de ropa	uɣayyir malābisi **أغير ملابسي**
volver al hotel	arʒiʿ ilal funduq **أرجع إلى الفندق**
comprar ...	aʃtari ... **أشتري ...**
ir a ...	aðhab ila ... **أذهب إلى ...**
visitar ...	azūr ... **أزور ...**
quedar con ...	uqābil ... **أقابل ...**
hacer una llamada	uʒri mukālama hātifiyya **أجري مكالمة هاتفية**
Estoy cansado /cansada/.	ana taʿibt **أنا تعبت**
Estamos cansados /cansadas/.	naḥnu taʿibna **نحن تعبنا**
Tengo frío.	ana bardān **أنا بردان**
Tengo calor.	ana ḥarrān **أنا حران**
Estoy bien.	ana bi xayr **أنا بخير**

Tengo que hacer una llamada.	aḥtāʒ ila iʒrā' mukālama hātifiyya أحتاج إلى إجراء مكالمة هاتفية
Necesito ir al servicio.	aḥtāʒ ila ḥammām أحتاج إلى حمام
Me tengo que ir.	yaʒib 'alayya an aðhab يجب علي أن أذهب
Me tengo que ir ahora.	yaʒib 'alayya an aðhab al 'ān يجب علي أن أذهب الآن

Preguntar por direcciones

Perdone, ...	law samaḥt, ... لو سمحت، ...
¿Dónde está ...?	ayna ...? أين ...؟
¿Por dónde está ...?	ayna aṭ ṭarīq ila ...? أين الطريق إلى ...؟
¿Puede ayudarme, por favor?	hal yumkinak musāʿadati, min faḍlak? هل يمكنك مساعدتي، من فضلك؟
Busco ...	abḥaθ ʿan ... أبحث عن ...
Busco la salida.	abḥaθ ʿan ṭarīq al χurūʒ أبحث عن طريق الخروج
Voy a ...	ana ðāhib ila... أنا ذاهب إلى...
¿Voy bien por aquí para ...?	hal ana ʿalaṭ ṭarīq as ṣaḥīḥ ila ...? هل أنا على الطريق الصحيح إلى... ؟
¿Está lejos?	hal huwa baʿīd? هل هو بعيد؟
¿Puedo llegar a pie?	hal yumkinuni an aṣil ila hunāk māʃiyan? هل يمكنني أن أصل إلى هناك ماشيا؟
¿Puede mostrarme en el mapa?	arīni ʿalal χarīṭa min faḍlak أريني على الخريطة من فضلك
Por favor muestreme dónde estamos.	arīni naḥnu ayna al ʾān أريني أين نحن الآن
Aquí	huna هنا
Allí	hunāk هناك
Por aquí	min huna من هنا
Gire a la derecha.	inʿaṭif yamīnan إنعطف يمينا
Gire a la izquierda.	inʿaṭif yasāran إنعطف يسارا
la primera (segunda, tercera) calle	awwal (θāni, θāliθ) ʃāriʿ أول (ثاني، ثالث) شارع
a la derecha	ilal yamīn إلى اليمين

a la izquierda	ilal yasār **إلى اليسار**
Siga recto.	iðhab ilal amām mubāʃaratan **إذهب إلى أمام مباشرة**

Carteles

¡BIENVENIDO!	marḥaban مرحبا
ENTRADA	duχūl دخول
SALIDA	χurūʒ خروج
EMPUJAR	idfaʿ إدفع
TIRAR	isḥab إسحب
ABIERTO	maftūḥ مفتوح
CERRADO	muɣlaq مغلق
PARA SEÑORAS	lis sayyidāt للسيدات
PARA CABALLEROS	lir riʒāl للرجال
CABALLEROS	ar riʒāl الرجال
SEÑORAS	as sayyidāt السيدات
REBAJAS	taχfīḍāt تخفيضات
VENTA	ʾūkazyūn أوكازيون
GRATIS	maʒʒānan مجانا
¡NUEVO!	ʒadīd! جديد!
ATENCIÓN	intabih! إنتبه!
COMPLETO	la tūʒad ɣuraf χāliya لا توجد غرف خالية
RESERVADO	maḥʒūz محجوز
ADMINISTRACIÓN	al idāra الإدارة
SÓLO PERSONAL AUTORIZADO	lil ʿāmilīn faqaṭ للعاملين فقط

CUIDADO CON EL PERRO	iḥtaris min al kalb! إحترس من الكلب!
NO FUMAR	mamnūʿ at tadχīn! ممنوع التدخين!
NO TOCAR	mamnūʿ al lams! ممنوع اللمس!
PELIGROSO	χaṭīr خطير
PELIGRO	χaṭar خطر
ALTA TENSIÓN	ʒuhd ʿāli جهد عالي
PROHIBIDO BAÑARSE	mamnūʿ as sibāḥa! ممنوع السباحة!
FUERA DE SERVICIO	muʿaṭṭal معطل
INFLAMABLE	qābil lil iʃtiʿāl قابل للإشتعال
PROHIBIDO	mamnūʿ ممنوع
PROHIBIDO EL PASO	mamnūʿ at taʿaddi! ممنوع التعدي!
RECIÉN PINTADO	ṭilāʾ ḥadīθ طلاء حديث
CERRADO POR RENOVACIÓN	muɣlaq lit taʒdīdāt مغلق للتجديدات
EN OBRAS	amāmak aʿmāl fiṭ ṭarīq أمامك أعمال طرق
DESVÍO	taḥwīla تحويلة

Transporte. Frases generales

el avión	ṭā'ira طائرة
el tren	qiṭār قطار
el bus	ḥāfila حافلة
el ferry	safīna سفينة
el taxi	taksi تاكسي
el coche	sayyāra سيارة
el horario	ʒadwal جدول
¿Dónde puedo ver el horario?	ayna yumkinuni an ara al ʒadwal? أين يمكنني أن أرى الجدول؟
días laborables	ayyām al usbū' أيام الأسبوع
fines de semana	nihāyat al usbū' نهاية الأسبوع
días festivos	ayyām al 'uṭla ar rasmiyya أيام العطلة الرسمية
SALIDA	al muɣādara المغادرة
LLEGADA	al wuṣūl الوصول
RETRASADO	muta'aχχira متأخرة
CANCELADO	ulɣiyat ألغيت
siguiente (tren, etc.)	al qādim القادم
primero	al awwal الأول
último	al aχīr الأخير
¿Cuándo pasa el siguiente ...?	mata al ... al qādim? متى الـ ... القادم؟
¿Cuándo pasa el primer ...?	mata awwal ...? متى أول ...؟

¿Cuándo pasa el último ...?	mata ʾāχir ...? **متى آخر ...؟**
el trasbordo (cambio de trenes, etc.)	taɣyīr **تغيير**
hacer un trasbordo	uɣayyir **أغير**
¿Tengo que hacer un trasbordo?	hal yaʒib ʿalayya taɣyīr al ...? **هل يجب علي تغيير الـ...؟**

Comprar billetes

¿Dónde puedo comprar un billete?	ayna yumkinuni ʃirā' tazākir? **أين يمكنني شراء التذاكر؟**
el billete	taðkara **تذكرة**
comprar un billete	ʃirā' at taðkira **شراء تذكرة**
precio del billete	si'r at taðkira **سعر التذكرة**
¿Para dónde?	ila ayna? **إلى أين؟**
¿A qué estación?	ila ayy maḥaṭṭa? **إلى أي محطة؟**
Necesito …	ana urīd … **أنا أريد …**
un billete	taðkara wāḥida **تذكرة واحدة**
dos billetes	taðkaratayn **تذكرتين**
tres billetes	θalāθat taðākir **ثلاث تذاكر**
sólo ida	ðahāb faqaṭ **ذهاب فقط**
ida y vuelta	ðahāban wa iyāban **ذهابا وإيابا**
en primera (primera clase)	ad daraʒa al ūla **الدرجة الأولى**
en segunda (segunda clase)	ad daraʒa aθ θāniya **الدرجة الثانية**
hoy	al yawm **اليوم**
mañana	ɣadan **غدا**
pasado mañana	ba'd ɣad **بعد غد**
por la mañana	fiṣ ṣabāḥ **في الصباح**
por la tarde	ba'd aẓ ẓuhr **بعد الظهر**
por la noche	fil masā' **في المساء**

asiento de pasillo	maq'ad bi ʒānib al mamarr مقعد بجانب الممر
asiento de ventanilla	maq'ad bi ʒānib an nāfiða مقعد بجانب النافذة
¿Cuánto cuesta?	bikam? بكم؟
¿Puedo pagar con tarjeta?	hal yumkinuni an adfa' bi biṭāqat i'timān? هل يمكنني أن أدفع ببطاقة إئتمان؟

Autobús

el autobús	ḥāfila **حافلة**
el autobús interurbano	ḥāfila bayn al mudun **حافلة بين المدن**
la parada de autobús	mahaṭṭat al ḥāfilāt **محطة الحافلات**
¿Dónde está la parada de autobuses más cercana?	ayna aqrab mahaṭṭat al ḥāfilāt? **أين أقرب محطة الحافلات؟**
número	raqm **رقم**
¿Qué autobús tengo que tomar para …?	ayy ḥāfila ta'χuðuni ila …? **أي حافلة تأخذني إلى...؟**
¿Este autobús va a …?	hal taðhab haðihil ḥāfila ila …? **هل تذهب هذه الحافلة إلى...؟**
¿Cada cuanto pasa el autobús?	kam marra taðhab al ḥāfilāt? **كم مرة تذهب الحافلات؟**
cada 15 minutos	kull χams ʿaʃara daqīqa **كل 15 دقيقة**
cada media hora	kull niṣf sāʿa **كل نصف ساعة**
cada hora	kull sāʿa **كل ساعة**
varias veces al día	ʿiddat marrāt fil yawm **عدة مرات في اليوم**
… veces al día	… marrāt fil yawm **... مرات في اليوم**
el horario	ʒadwal **جدول**
¿Dónde puedo ver el horario?	ayna yumkinuni an ara al ʒadwal? **أين يمكنني أن أرى الجدول؟**
¿Cuándo pasa el siguiente autobús?	mata al ḥāfila al qādima? **متى الحافلة القادمة؟**
¿Cuándo pasa el primer autobús?	mata awwal ḥāfila? **متى أول حافلة؟**
¿Cuándo pasa el último autobús?	mata 'āχir ḥāfila? **متى آخر حافلة؟**
la parada	mahaṭṭa **محطة**
la siguiente parada	al mahaṭṭa al qādima **المحطة القادمة**

la última parada	āχir mahaṭṭa آخر محطة
Pare aquí, por favor.	qif huna min faḍlak قف هنا من فضلك
Perdone, esta es mi parada.	law samaḥt, haðihi mahaṭṭati لو سمحت، هذه محطتي

Tren

el tren	qiṭār قطار
el tren de cercanías	qiṭār aḍ ḍawāḥi قطار الضواحي
el tren de larga distancia	qiṭār al masāfāt aṭ ṭawīla قطار المسافات الطويلة
la estación de tren	maḥaṭṭat al qiṭārāt محطة القطارات
Perdone, ¿dónde está la salida al anden?	law samaḥt, ayna aṭ ṭarīq ilar raṣīf لو سمحت، أين الطريق إلى الرصيف؟
¿Este tren va a …?	ha yatawaʒʒah haðal qiṭār ila ...? هل يتوجه هذا القطار إلى ...؟
el siguiente tren	al qiṭār al qādim القطار القادم
¿Cuándo pasa el siguiente tren?	mata al qiṭār al qādim? متى القطار القادم؟
¿Dónde puedo ver el horario?	ayna yumkinuni an ara al ʒadwal? أين يمكنني أن أرى الجدول؟
¿De qué andén?	min ayy raṣīf? من أي رصيف؟
¿Cuándo llega el tren a …?	mata yaṣil al qiṭār ila …? متى يصل القطار إلى... ؟
Ayudeme, por favor.	sāʿidni min faḍlak ساعدني من فضلك
Busco mi asiento.	ana abḥaθ ʿan maqʿadi أنا أبحث عن مقعدي
Buscamos nuestros asientos.	naḥnu nabḥaθ ʿan maqāʿidina نحن نبحث عن مقاعدنا
Mi asiento está ocupado.	maqʿadi maʃɣūl مقعدي مشغول
Nuestros asientos están ocupados.	maqāʿiduna maʃɣūla مقاعدنا مشغولة
Perdone, pero ese es mi asiento.	ana ʾāsif lakin haða maqʿadi أنا آسف، ولكن هذا مقعدي
¿Está libre?	hal haðal maqʿad maḥʒūz? هل هذا المقعد محجوز؟
¿Puedo sentarme aquí?	hal yumkinuni an aqʿud huna? هل يمكنني أن أقعد هنا؟

En el tren. Diálogo (Sin billete)

Su billete, por favor.	taðākir min faḍlak تذاكر من فضلك
No tengo billete.	laysat ʿindi taðkira ليست عندي تذكرة
He perdido mi billete.	taðkarati ḍāʿat تذكرتي ضاعت
He olvidado mi billete en casa.	nasīt taðkirati fil bayt نسيت تذكرتي في البيت
Le puedo vender un billete.	yumkinak an taʃtari minni taðkira يمكنك أن تشتري مني تذكرة
También deberá pagar una multa.	kama yaʒib ʿalayk an tadfaʿ ɣarāma كما يجب عليك أن تدفع غرامة
Vale.	ḥasanan حسنا
¿A dónde va usted?	ila ayna taðhab? إلى أين تذهب؟
Voy a ...	aðhab ila ... أذهب إلى ...
¿Cuánto es? No lo entiendo.	bikam? ana la afham بكم؟ أنا لا أفهم
Escríbalo, por favor.	uktubha min faḍlak إكتبها من فضلك
Vale. ¿Puedo pagar con tarjeta?	ḥasanan. hal yumkinuni an adfaʿ bi biṭāqat iʾtimān? حسنا. هل يمكنني أن أدفع ببطاقة إئتمان؟
Sí, puede.	naʿam yumkinuk نعم يمكنك
Aquí está su recibo.	tafaḍḍal al ʾīṣāl تفضل الإيصال
Disculpe por la multa.	ʾāsif bi χuṣūṣ al ɣarāma أنا آسف بخصوص الغرامة
No pasa nada. Fue culpa mía.	laysa hunāk ayy muʃkila. haðihi ɣalṭati ليس هناك أي مشكلة. هذه غلطتي
Disfrute su viaje.	istamtaʿ bi riḥlatak إستمتع برحلتك

Taxi

taxi	taksi **تاكسي**
taxista	sā'iq at taksi **سائق التاكسي**
coger un taxi	'āχuð taksi **أخذ تاكسي**
parada de taxis	mawqif taksi **موقف تاكسي**
¿Dónde puedo coger un taxi?	ayna yumkinuni an 'āχuð taksi? **أين يمكنني أن آخذ تاكسي؟**
llamar a un taxi	ṭalab taksi **طلب تاكسي**
Necesito un taxi.	aḥtāʒ ila taksi **أحتاج إلى تاكسي**
Ahora mismo.	al 'ān **الآن**
¿Cuál es su dirección?	ma huwa ʿunwānak? **ما هو عنوانك؟**
Mi dirección es ...	ʿunwāni fi ... **عنواني في ...**
¿Cuál es el destino?	ila ayna taðhab? **إلى أين تذهب؟**

Perdone, ...	law samaḥt, ... **لو سمحت، ...**
¿Está libre?	hal anta fāḍy? **هل أنت فاض؟**
¿Cuánto cuesta ir a ...?	kam adfaʿ li aṣil ila ...? **كم أدفع لأصل إلى...؟**
¿Sabe usted dónde está?	hal taʿrif ayna hiya? **هل تعرف أين هي؟**

Al aeropuerto, por favor.	ilal maṭār min faḍlak **إلى المطار من فضلك**
Pare aquí, por favor.	qif huna min faḍlak **قف هنا، من فضلك**
No es aquí.	innaha laysat huna **إنها ليست هنا**
La dirección no es correcta.	al ʿunwān χāṭi' **العنوان خاطئ**
Gire a la izquierda.	inʿaṭif ilal yasār **إنعطف إلى اليسار**
Gire a la derecha.	inʿaṭif ilal yamīn **إنعطف إلى اليمين**

¿Cuánto le debo?	kam ana mudīn lak? **كم أنا مدين لك؟**
¿Me da un recibo, por favor?	aʿṭini ʾīṣāl min faḍlak. **أعطني إيصالا، من فضلك.**
Quédese con el cambio.	iḥtafiẓ bil bāqi **إحتفظ بالباقي**

Espéreme, por favor.	intaẓirni min faḍlak **إنتظرني من فضلك**
cinco minutos	χams daqāʾiq **خمس دقائق**
diez minutos	ʿaʃar daqāʾiq **عشر دقائق**
quince minutos	rubʿ sāʿa **ربع ساعة**
veinte minutos	θulθ sāʿa **ثلث ساعة**
media hora	niṣf sāʿa **نصف ساعة**

Hotel

Hola.	as salāmu ʿalaykum السلام عليكم
Me llamo …	ismi … إسمي …
Tengo una reserva.	ʿindi ḥaʒz لدي حجز
Necesito …	urīd … أريد …
una habitación individual	ɣurfa li ʃaχṣ wāḥid غرفة لشخص واحد
una habitación doble	ɣurfa li ʃaχṣayn غرفة لشخصين
¿Cuánto cuesta?	kam siʿruha? كم سعرها؟
Es un poco caro.	hiya ɣāliya هي غالية
¿Tiene alguna más?	hal ʿindak χiyārāt uχra? هل عندك خيارات أخرى؟
Me quedo.	āχuðuha آخذها
Pagaré en efectivo.	adfaʿ naqdan أدفع نقدا
Tengo un problema.	ʿindi muʃkila عندي مشكلة
Mi … no funciona.	… muʿaṭṭal … معطل
Mi … está fuera de servicio.	… muʿaṭṭal /muʿaṭṭala/ …معطل/ معطلة/
televisión	at tilivizyūn التليفزيون
aire acondicionado	at takyīf التكييف
grifo	al ḥanafiyya الحنفية
ducha	ad duʃ الدوش
lavabo	al ḥawḍ الحوض
caja fuerte	al χazīna الخزينة

cerradura	qifl al bāb **قفل الباب**
enchufe	maχraʒ al kahrabā' **مخرج الكهرباء**
secador de pelo	muʒaffif aʃ ʃa'r **مجفف الشعر**
No tengo …	laysa ladayya ... **ليس لدي ...**
agua	mā' **ماء**
luz	nūr **نور**
electricidad	kahrabā' **كهرباء**
¿Me puede dar …?	hal yumkinak an ta'ṭīni …? **هل يمكنك أن تعطيني ...؟**
una toalla	fūṭa **فوطة**
una sábana	baṭṭāniyya **بطانية**
unas chanclas	ʃabāʃib **شباشب**
un albornoz	rūb **روب**
un champú	ʃambu **شامبو**
jabón	ṣābūn **صابون**
Quisiera cambiar de habitación.	urīd an uɣayyir al ɣurfa **أريد أن أغير الغرفة**
No puedo encontrar mi llave.	la astaṭī' an aʒid miftāḥi **لا أستطيع أن أجد مفتاحي**
Por favor abra mi habitación.	iftaḥ ɣurfati min faḍlak **إفتح غرفتي من فضلك**
¿Quién es?	man hunāk? **من هناك؟**
¡Entre!	tafaḍḍal! **تفضل!**
¡Un momento!	daqīqa wāḥida! **دقيقة واحدة!**
Ahora no, por favor.	laysa al 'ān min faḍlak **ليس الآن من فضلك**
Venga a mi habitación, por favor.	ta'āla ila ɣurfati law samaḥt **تعال إلى غرفتي لو سمحت**
Quisiera hacer un pedido.	urīd an yuḥdar aṭ ṭa'ām ila ɣurfati **أريد أن يحضر الطعام إلى غرفتي**
Mi número de habitación es …	raqm gurfati huwa … **رقم غرفتي هو ...**

Me voy ...	uɣādir ... أغادر ...
Nos vamos ...	nuɣādir ... نغادر ...
Ahora mismo	al ʾān الآن
esta tarde	baʿd aẓ ẓuhr بعد الظهر
esta noche	masāʾ al yawm مساء اليوم
mañana	ɣadan غداً
mañana por la mañana	ṣabāḥ al ɣad صباح الغد
mañana por la noche	masāʾ al ɣad مساء الغد
pasado mañana	baʿd ɣad بعد غد

Quisiera pagar la cuenta.	urīd an adfaʿ أريد أن أدفع
Todo ha estado estupendo.	kull ʃayʾ kān rāʾiʿ كل شيء كان رائعا
¿Dónde puedo coger un taxi?	ayna yumkinuni an ʾāχuð taksi? أين يمكنني أن آخذ تاكسي؟
¿Puede llamarme un taxi, por favor?	hal yumkinak an taṭlub li taksi law samaḥt? هل يمكنك أن تطلب لي تاكسي لو سمحت؟

Restaurante

¿Puedo ver el menú, por favor?	hal yumkinuni an ara qā'imat aṭ ṭa'ām min faḍlak? هل يمكنني أن أرى قائمة الطعام من فضلك؟
Mesa para uno.	mā'ida li ʃaxṣ wāḥid مائدة لشخص واحد
Somos dos (tres, cuatro).	naḥnu iθnān (θalāθa, arba'a) نحن إثنان (ثلاثة، أربعة)
Para fumadores	lil mudaxxinīn للمدخنين
Para no fumadores	li ɣayr al mudaxxinīn لغير المدخنين
¡Por favor! (llamar al camarero)	law samaḥt لو سمحت
la carta	qā'imat aṭ ṭa'ām قائمة الطعام
la carta de vinos	qā'imat an nabīð قائمة النبيذ
La carta, por favor.	al qā'ima, law samaḥt القائمة، لو سمحت
¿Está listo para pedir?	hal anta musta'idd liṭ ṭalab? هل أنت مستعد للطلب؟
¿Qué quieren pedir?	māða tā'xuð? ماذا تأخذ؟
Yo quiero …	ana 'āhxuð … أنا آخذ …
Soy vegetariano.	ana nabātiy أنا نباتي
carne	laḥm لحم
pescado	samak سمك
verduras	xuḍār خضار
¿Tiene platos para vegetarianos?	hal 'indak aṭbāq nabātiyya? هل عندك أطباق نباتية؟
No como cerdo.	la 'ākul al xinzīr لا آكل لحم الخنزير
Él /Ella/ no come carne.	huwa la ya'kul /hiya la ta'kul / al laḥm هو لا يأكل /هي لا تأكل/ اللحم

Soy alérgico a ...	ʿindi ḥassāsiyya ḍidda ... عندي حساسية ضد ...
¿Me puede traer ..., por favor?	aḥḍir li ... min faḍlak أحضر لي... من فضلك
sal | pimienta | azúcar	milḥ | filfil | sukkar ملح | فلفل | سكر
café | té | postre	qahwa | ʃāy | ḥalwa قهوة | شاي | حلوى
agua | con gas | sin gas	miyāh | ɣāziyya | bidūn ɣāz مياه | غازية | بدون غاز
una cuchara | un tenedor | un cuchillo	milʿaqa | ʃawka | sikkīn ملعقة | شوكة | سكين
un plato | una servilleta	ṭabaq | fūṭa طبق | فوطة

¡Buen provecho!	bil hināʾ waʃ ʃifāʾ بالهناء والشفاء
Uno más, por favor.	wāḥida kamān law samaḥt واحدة كمان من فضلك
Estaba delicioso.	kānat laðīða giddan كانت لذيذة جدا

la cuenta | el cambio | la propina	ḥisāb | fakka | baqʃiʃ حساب | فكة | بقشيش
La cuenta, por favor.	aḥḍir li al ḥisāb min faḍlak? أحضر لي الحساب من فضلك
¿Puedo pagar con tarjeta?	hal yumkinuni an adfaʿ bi biṭāqat iʾtimān? هل يمكنني أن أدفع ببطاقة إئتمان؟
Perdone, aquí hay un error.	ana ʾāsif, hunāk xaṭaʾ أنا آسف، هناك خطأ

De Compras

¿Puedo ayudarle?	momken usāʿidak? هل أستطيع أن أساعدك؟
¿Tiene ...?	hal ʿindak ...? هل عندك ...؟
Busco ...	ana abhaθ ʿan ... أنا أبحث عن ...
Necesito ...	urīd ... أريد ...

Sólo estoy mirando.	ana faqat anẓur أنا فقط أنظر
Sólo estamos mirando.	naḥnu faqat nanẓur نحن فقط ننظر
Volveré más tarde.	sa'aʿūd lāḥiqan سأعود لاحقا
Volveremos más tarde.	sanaʿūd lāḥiqan سنعود لاحقا
descuentos | oferta	taχfīḍāt | 'ūkazyūn تخفيضات أوكازيون

Por favor, enséñeme ...	arīni ... min faḍlak أريني ... من فضلك
¿Me puede dar ..., por favor?	aʿṭini ... min faḍlak أعطني ... من فضلك
¿Puedo probarmelo?	hal yumkin an uʒarribahu? هل يمكن أن أجربه؟
Perdone, ¿dónde están los probadores?	law samaḥt, ayna ɣurfat al qiyās? لو سمحت، أين غرفة القياس؟
¿Qué color le gustaría?	ayy lawn turīd? أي لون تريد؟
la talla | el largo	maqās | ṭūl مقاس طول
¿Cómo le queda? (¿Está bien?)	hal yunāsibak? هل يناسبك؟

¿Cuánto cuesta esto?	bikam? بكم؟
Es muy caro.	haða ɣāli ʒiddan هذا غال جدا
Me lo llevo.	aʃtarīhi أشتريه
Perdone, ¿dónde está la caja?	ayna yumkinuni an adfaʿ law samaḥt? أين يمكنني أن أدفع لو سمحت؟

¿Pagará en efectivo o con tarjeta?	hal tadfa' naqdan aw bi biṭāqat i'timān? هل تدفع نقدا أو ببطاقة إئتمان؟
en efectivo | con tarjeta	naqdan | bi biṭāqat i'timān نقدا | ببطاقة إئتمان

¿Quiere el recibo?	hal turīd 'īṣāl? هل تريد إيصالا؟
Sí, por favor.	na'am, min faḍlak نعم، من فضلك
No, gracias.	la, laysa hunāk ayy moʃkila لا، ليس هناك أي مشكلة
Gracias. ¡Que tenga un buen día!	ʃukran. yawmak sa'īd شكرا. يومك سعيد

En la ciudad

Perdone, por favor.	law samaḥt لو سمحت
Busco ...	ana abḥaθ ʿan ... أنا أبحث عن ...
el metro	mitru al anfāq مترو الأنفاق
mi hotel	funduqi فندقي
el cine	as sinima السينما
una parada de taxis	mawqif taksi موقف تاكسي
un cajero automático	mākīnat ṣarrāf ʾāliy ماكينة صراف آلي
una oficina de cambio	maktab ṣarrāfa مكتب صرافة
un cibercafé	maqha intirnit مقهى انترنت
la calle ...	ʃāriʿ... شارع ...
este lugar	haðal makān هذا المكان
¿Sabe usted dónde está ...?	hal taʿrif ayna ...? هل تعرف أين ...؟
¿Cómo se llama esta calle?	ma ism haðaʃ ʃāriʿ? ما اسم هذا الشارع؟
Muestreme dónde estamos ahora.	arīni naḥnu ayna al ʾān? أريني أين نحن الآن؟
¿Puedo llegar a pie?	hal yumkinuni an aṣil ila hunāk māʃiyan? هل يمكنني أن أصل إلى هناك ماشيا؟
¿Tiene un mapa de la ciudad?	hal ʿindak χarīṭa lil madīna? هل عندك خريطة للمدينة؟
¿Cuánto cuesta la entrada?	bikam taðkarat ad duχūl? بكم تذكرة الدخول؟
¿Se pueden hacer fotos aquí?	hal yumkinuni at taṣwīr huna? هل يمكنني التصوير هنا؟
¿Está abierto?	hal ... maftūḥ? هل ... مفتوح؟

¿A qué hora abren?	mata taftaḥūn? **متى تفتحون؟**
¿A qué hora cierran?	mata tuɣliqūn? **متى تغلقون؟**

Dinero

dinero	nuqūd **نقود**
efectivo	naqd **نقد**
billetes	ʻumla waraqiyya **عملة ورقية**
monedas	fakka **فكة**
la cuenta | el cambio | la propina	ḥisāb | fakka | baqʃīʃ **حساب | فكة | بقشيش**

la tarjeta de crédito	bitāqat iʼtimān **بطاقة إئتمان**
la cartera	maḥfaẓat nuqūd **محفظة نقود**
comprar	ʃirāʼ **شراء**
pagar	dafʻ **دفع**
la multa	ɣarāma **غرامة**
gratis	maʒʒānan **مجانا**

¿Dónde puedo comprar …?	ayna yumkinuni ʃirāʼ …? **أين يمكنني شراء ...؟**
¿Está el banco abierto ahora?	hal al bank maftūḥ al ʼān? **هل البنك مفتوح الآن؟**
¿A qué hora abre?	mata taftaḥ? **متى يفتح؟**
¿A qué hora cierra?	mata yuɣliq? **متى يغلق؟**

¿Cuánto cuesta?	bikam? **بكم؟**
¿Cuánto cuesta esto?	bikam haða? **بكم هذا؟**
Es muy caro.	haða ɣāli ʒiddan **هذا غال جدا**

Perdone, ¿dónde está la caja?	ayna yumkinuni an adfaʻ law samaḥt? **أين يمكنني أن أدفع لو سمحت؟**
La cuenta, por favor.	al ḥisāb min faḍlak **الحساب من فضلك**

¿Puedo pagar con tarjeta?	hal yumkinuni an adfaʿ bi biṭāqat iʾtimān? هل يمكنني أن أدفع ببطاقة إئتمان؟
¿Hay un cajero por aquí?	hal tūʒad huna mākīnat ṣarrāf ʾāliy? هل توجد هنا ماكينة صراف آلي؟
Busco un cajero automático.	ana abḥaθ ʿan mākīnat ṣarrāf ʾāliy أنا أبحث عن ماكينة صراف آلي

Busco una oficina de cambio.	ana abḥaθ ʿan maktab ṣarrāfa أنا أبحث عن مكتب صرافة
Quisiera cambiar ...	urīd taɣyīr ... أريد تغيير ...
¿Cuál es el tipo de cambio?	kam siʿr al ʿumla? كم سعر العملة؟
¿Necesita mi pasaporte?	hal taḥtāʒ ila ʒawāz safari? هل تحتاج إلى جواز سفري؟

Tiempo

¿Qué hora es?	as sāʿa kam? الساعة كم؟
¿Cuándo?	mata? متى؟
¿A qué hora?	fi ayy sāʿa? في أي ساعة؟
ahora | luego | después de ...	al ʾān | fi waqt lāḥiq | baʿd ... الآن | في وقت لاحق | بعد ...
la una	as sāʿa al wāḥida الساعة الواحدة
la una y cuarto	as sāʿa al wāḥida wa ar rubʿ الساعة الواحدة والربع
la una y medio	as sāʿa al wāḥida wa an niṣf الساعة الواحدة والنصف
las dos menos cuarto	as sāʿa aθ θāniya illa rubʿ الساعة الثانية إلا ربعا
una | dos | tres	al wāḥida | aθ θāniya | aθ θāliθa الواحدة | الثانية | الثالثة
cuatro | cinco | seis	ar rābiʿa | al χāmisa | as sādisa الرابعة | الخامسة | السادسة
siete | ocho | nueve	as sābiʿa | aθ θāmina | at tāsiʿa السابعة | الثامنة | التاسعة
diez | once | doce	al ʿāʃira | al ḥādiya ʿaʃara | aθ θāniya ʿaʃara العاشرة | الحادية عشرة | الثانية عشرة
en ...	baʿd ... بعد ...
cinco minutos	χams daqāʾiq خمس دقائق
diez minutos	ʿaʃar daqāʾiq عشر دقائق
quince minutos	rubʿ sāʿa ربع ساعة
veinte minutos	θulθ sāʿa ثلث ساعة
media hora	niṣf sāʿa نصف ساعة
una hora	sāʿa ساعة

por la mañana	fiṣ ṣabāḥ في الصباح
por la mañana temprano	fiṣ ṣabāḥ al bākir في الصباح الباكر
esta mañana	ṣabāḥ al yawm صباح اليوم
mañana por la mañana	ṣabāḥ al ɣad صباح الغد

al mediodía	fi muntaṣif an nahār في منتصف النهار
por la tarde	ba'd aẓ ẓuhr بعد الظهر
por la noche	fil masā' في المساء
esta noche	masā' al yawm مساء اليوم

por la noche	bil layl بالليل
ayer	ams أمس
hoy	al yawm اليوم
mañana	ɣadan غداً
pasado mañana	ba'd ɣad بعد غد

¿Qué día es hoy?	fi ayy yawm naḥnu? في أي يوم نحن؟
Es ...	naḥnu fi ... نحن في ...
lunes	al iθnayn الإثنين
martes	aθ θulāθā' الثلاثاء
miércoles	al 'arbi'ā' الأربعاء

jueves	al χamīs الخميس
viernes	al ʒum'a الجمعة
sábado	as sabt السبت
domingo	al aḥad الأحد

Saludos. Presentaciones.

Hola.	as salāmu ʿalaykum السلام عليكم
Encantado /Encantada/ de conocerle.	ana saʿīd ʒiddaŋ bi liqāʾik أنا سعيد جدا بلقائك
Yo también.	ana asʿad أنا أسعد
Le presento a ...	awudd aŋ uʿarrifak bi ... أود أن أعرفك بـ ...
Encantado.	fursa saʿīda فرصة سعيدة
¿Cómo está?	kayf ḥālak? كيف حالك؟
Me llamo ...	ismi ... أسمي ...
Se llama ...	ismuhu ... إسمه ...
Se llama ...	ismuha ... إسمها ...
¿Cómo se llama (usted)?	ma smuka? ما اسمك؟
¿Cómo se llama (él)?	ma smuhu? ما اسمه؟
¿Cómo se llama (ella)?	ma smuha? ما اسمها؟
¿Cuál es su apellido?	ma huwa ism ʿāʾilatak? ما هو إسم عائلتك؟
Puede llamarme ...	yumkinak aŋ tunādīni bi... يمكنك أن تناديني بـ....
¿De dónde es usted?	min ayna anta? من أين أنت؟
Yo soy de	ana miŋ ... أنا من ...
¿A qué se dedica?	māða taʿmal? ماذا تعمل؟
¿Quién es?	man haða من هذا؟
¿Quién es él?	man huwa? من هو؟
¿Quién es ella?	man hiya? من هي؟
¿Quiénes son?	man hum? من هم؟

Este es …	haða huwa /haðihi hiya/ … هذا هو /هذه هي... /
mi amigo	ṣadīqi صديقي
mi amiga	ṣadīqati صديقتي
mi marido	zawʒi زوجي
mi mujer	zawʒati زوجتي

mi padre	abi أبي
mi madre	ummi أمي
mi hermano	aχi أخي
mi hijo	ibni إبني
mi hija	ibnati إبنتي

Este es nuestro hijo.	haða huwa ibnuna هذا هو ابننا
Esta es nuestra hija.	haðihi hiya ibnatuna هذه هي ابنتنا
Estos son mis hijos.	ha’ulā’ awlādi هؤلاء أولادي
Estos son nuestros hijos.	ha’ulā’ awlāduna هؤلاء أولادنا

Despedidas

¡Adiós!	as salāmu ʿalaykum السلام عليكم
¡Chau!	maʿ as salāma مع السلامة
Hasta mañana.	ilal liqāʾ ɣadan إلى اللقاء غدا
Hasta pronto.	ilal liqāʾ إلى اللقاء
Te veo a las siete.	ilal liqāʾ as sāʿa as sābiʿa إلى اللقاء الساعة السابعة
¡Que se diviertan!	atamanna laka waqtan ṭayyiban! أتمنى لكم وقتا طيبا!
Hablamos más tarde.	ukallimuka lāḥiqan أكلمك لاحقا
Que tengas un buen fin de semana.	ʿuṭlat usbūʿ saʿīda عطلة أسبوع سعيدة
Buenas noches.	taṣbaḥ ʿala χayr تصبح على خير
Es hora de irme.	innahu waqt ðahābi إنه وقت ذهابي
Tengo que irme.	yaʒib ʿalayya an aðhab يجب علي أن أذهب
Ahora vuelvo.	saʾaʿūd ḥālan سأعود حالا
Es tarde.	al waqt mutaʾaχχar الوقت متأخر
Tengo que levantarme temprano.	yaʒib ʿalayya an anhaḍ bākiran يجب علي أن أنهض باكرا
Me voy mañana.	innani uɣādir ɣadan إنني أغادر غدا
Nos vamos mañana.	innana nuɣādir ɣadan إننا نغادر غدا
¡Que tenga un buen viaje!	riḥla saʿīda! رحلة سعيدة!
Ha sido un placer.	furṣa saʿīda فرصة سعيدة
Fue un placer hablar con usted.	kān laṭīf at taḥadduθ maʿak كان لطيفا التحدث معك
Gracias por todo.	ʃukran ʿala kull ʃayʾ شكرا على كل شيء

Lo he pasado muy bien.	qaḍayt waqt ʒayyidan **قضيت وقتا جيدا**
Lo pasamos muy bien.	qaḍayna waqt ʒayyidan **قضينا وقتا جيدا**
Fue genial.	kull ʃay' kān rā'i' **كل شيء كان رائعا**
Le voy a echar de menos.	sa'aʃtāq ilayk **سأشتاق إليك**
Le vamos a echar de menos.	sanaʃtāq ilayk **سنشتاق إليك**

¡Suerte!	bit tawfīq! ma' as salāma! **بالتوفيق! مع السلامة!**
Saludos a ...	taḥīyyāti li ... **تحياتي لـ...**

Idioma extranjero

No entiendo.	ana la afham أنا لا أفهم
Escríbalo, por favor.	uktubha min faḍlak إكتبها من فضلك
¿Habla usted ...?	hal tatakallam bi ...? هل تتكلم بـ...؟
Hablo un poco de ...	atakallam bi ... qalīlan أتكلم بـ ... قليلا
inglés	al inʒilīziyya الإنجليزية
turco	at turkiyya التركية
árabe	al ʿarabiyya العربية
francés	al faransiyya الفرنسية
alemán	al almāniyya الألمانية
italiano	al iṭāliyya الإيطالية
español	al isbāniyya الإسبانية
portugués	al burtuɣāliyya البرتغالية
chino	aṣ ṣīniyya الصينية
japonés	al yabāniyya اليابانية
¿Puede repetirlo, por favor?	hal yumkinuka tikrār min faḍlak? هل يمكنك تكرار من فضلك؟
Lo entiendo.	ana afham انا أفهم
No entiendo.	ana la afham أنا لا أفهم
Hable más despacio, por favor.	takallam bi buṭʾ akθar min faḍlak تكلم ببطء أكثر من فضلك
¿Está bien?	hal haða ṣaḥīḥ? هل هذا صحيح؟
¿Qué es esto? (¿Que significa esto?)	māða yaʿni? ماذا يعني؟

Disculpas

Perdone, por favor.	la tu'āχiðni min faḍlak لا تؤاخذني من فضلك
Lo siento.	ana 'āṣif أنا آسف
Lo siento mucho.	ana 'āsif ʒiddan أنا آسف جدا
Perdón, fue culpa mía.	ana 'āsif innaha γalṭati أنا آسف، إنها غلطتي
Culpa mía.	χaṭa'i خطئي

¿Puedo ...?	hal yumkinuni ...? هل يمكنني ...؟
¿Le molesta si ...?	hal tumāniʿ law ...? هل تمانع لو ...؟
¡No hay problema! (No pasa nada.)	laysa hunāk ayy muʃkila ليس هناك أي مشكلة
Todo está bien.	kull ʃay' ʿala ma yurām كل شيء على ما يرام
No se preocupe.	la taqlaq لا تقلق

Acuerdos

Sí.	na'am نعم
Sí, claro.	aʒl أجل
Bien.	ḥasanan حسنا
Muy bien.	ʒayyid ʒiddan جيد جدا
¡Claro que sí!	bit ta'kīd! بالتأكيد!
Estoy de acuerdo.	ana muwāfiq أنا موافق
Es verdad.	haða ṣaḥīḥ هذا صحيح
Es correcto.	haða ṣaḥīḥ هذا صحيح
Tiene razón.	kalāmak ṣaḥīḥ كلامك صحيح
No me molesta.	ana la umāni' أنا لا أمانع
Es completamente cierto.	anta muḥiqq tamāman أنت محق تماما
Es posible.	innahu min al mumkin إنه من الممكن
Es una buena idea.	innaha fikra ʒayyida إنها فكرة جيدة
No puedo decir que no.	la astaṭī' an aqūl la لا أستطيع أن أقول لا
Estaré encantado /encantada/.	sa'akūn sa'īdan سأكون سعيدا
Será un placer.	bi kull surūr بكل سرور

Rechazo. Expresar duda

No.	la لا
Claro que no.	ṭabʿan la طبعا لا
No estoy de acuerdo.	lastu muwāfiq لست موافقا
No lo creo.	la aẓunn ðalika لا أظن ذلك
No es verdad.	laysa haða ṣaḥīḥ ليس هذا صحيحا
No tiene razón.	axṭa'ta أخطأت
Creo que no tiene razón.	aẓunn annaka axṭa't أظن أنك أخطأت
No estoy seguro /segura/.	lastu muta'akkid لست متأكدا
No es posible.	haða mustaḥīl هذا مستحيل
¡Nada de eso!	la ʃay' min haðan nawʿ لا شيء من هذا النوع
Justo lo contrario.	al ʿaks tamāman العكس تماما
Estoy en contra de ello.	ana ḍidda ðalika أنا ضد ذلك
No me importa. (Me da igual.)	la yuhimmuni ðalika لا يهمني ذلك
No tengo ni idea.	laysa ladayya ayy fikra ليس لدي أي فكرة
Dudo que sea así.	aʃukk fe ðalik أشك في ذلك
Lo siento, no puedo.	'āsif la astaṭīʿ آسف، لا أستطيع
Lo siento, no quiero.	'āsif la urīd ðalika آسف، لا أريد ذلك
Gracias, pero no lo necesito.	ʃukran, wa lakinnani la aḥtāʒ ila ðalika شكرا، ولكنني لا أحتاج إلى ذلك
Ya es tarde.	al waqt muta'axxar الوقت متأخر

Tengo que levantarme temprano.	yaʒib ʿalayya an anhaḍ bākiran **يجب علي أن أنهض باكراً**
Me encuentro mal.	la aʃʿur bi χayr **لا أشعر بخير**

Expresar gratitud

Gracias.

ʃukran
شكراً

Muchas gracias.

ʃukran ʒazīlan
شكراً جزيلاً

De verdad lo aprecio.

ana uqaddir ðalika ḥaqqan
أنا أقدر ذلك حقاً

Se lo agradezco.

ana mumtann lak ʒiddan
أنا ممتن لك جداً

Se lo agradecemos.

naḥnu mumtannīn lak ʒiddan
نحن ممتنون لك جداً

Gracias por su tiempo.

ʃukran ʿala waqtak
شكراً على وقتك

Gracias por todo.

ʃukran ʿala kull ʃay'
شكراً على كل شيء

Gracias por ...

ʃukran ʿala ...
شكراً على ...

su ayuda

musāʿadatak
مساعدتك

tan agradable momento

al waqt al laṭīf
الوقت اللطيف

una comida estupenda

waʒba rā'iʿa
وجبة رائعة

una velada tan agradable

amsiyya mumtiʿa
أمسية ممتعة

un día maravilloso

yawm rā'iʿ
يوم رائع

un viaje increíble

riḥla mudhiʃa
رحلة مدهشة

No hay de qué.

la ʃukr ʿala wāʒib
لا شكر على واجب

De nada.

al ʿafw
العفو

Siempre a su disposición.

fi ayy waqt
في أي وقت

Encantado /Encantada/ de ayudarle.

bi kull surūr
بكل سرور

No hay de qué.

insa al amr
إنس الأمر

No tiene importancia.

la taqlaq
لا تقلق

Felicitaciones , Mejores Deseos

¡Felicidades!	uhanniʾuka! **أهنئك!**
¡Feliz Cumpleaños!	ʿīd milād saʿīd! **عيد ميلاد سعيد!**
¡Feliz Navidad!	ʿīd milād saʿīd! **عيد ميلاد سعيد!**
¡Feliz Año Nuevo!	sana ʒadīda saʿīda! **سنة جديدة سعيدة!**
¡Felices Pascuas!	ʿīd fiṣḥ saʿīd! **عيد فصح سعيد!**
¡Feliz Hanukkah!	hanūka saʿīda! **هانوكا سعيدة!**
Quiero brindar.	awudd an aqtariḥ naχb **أود أن أقترح نخبا**
¡Salud!	fi siḥḥatak **في صحتك**
¡Brindemos por ...!	daʿawna naʃrab fi ...! **دعونا نشرب في ...!**
¡A nuestro éxito!	naʒāḥna **نجاحنا**
¡A su éxito!	naʒāḥak **نجاحك**
¡Suerte!	bit tawfīq! **بالتوفيق!**
¡Que tenga un buen día!	atamanna laka nahāran saʿīdan! **أتمنى لك نهارا سعيدا!**
¡Que tenga unas buenas vacaciones!	atamanna laka ʿuṭla ṭayyiba! **أتمنى لك عطلة طيبة!**
¡Que tenga un buen viaje!	atamanna laka riḥla āmina! **أتمنى لك رحلة آمنة!**
¡Espero que se recupere pronto!	atamanna bi annaka satataḥassan qarīban **أتمنى بأنك ستتحسن قريبا**

Socializarse

¿Por qué está triste?	limāða anta ḥazīn? لماذا أنت حزين؟
¡Sonría! ¡Anímese!	ibtasim! إبتسم!
¿Está libre esta noche?	hal anta ḥurr haðihil layla? هل أنت حر هذه الليلة؟
¿Puedo ofrecerle algo de beber?	hal tawudd an taʃrab ʃay'? هل تود أن تشرب شيئا؟
¿Querría bailar conmigo?	hal tawudd an tarquṣ? هل تود أن ترقص؟
Vamos a ir al cine.	daʿawna naðhab ilas sinima دعونا نذهب إلى السينما
¿Puedo invitarle a ...?	hal yumkinuni an adʿūk ila ...? هل يمكنني أن أدعوك إلى ...؟
un restaurante	maṭʿam مطعم
el cine	as sinima السينما
el teatro	al masraḥ المسرح
dar una vuelta	tamʃiya تمشية
¿A qué hora?	fi ayy sāʿa? في أي ساعة؟
esta noche	haðal masā' هذا المساء
a las seis	as sāʿa as sādisa الساعة السادسة
a las siete	as sāʿa as sābiʿa الساعة السابعة
a las ocho	as sāʿa aθ θāmina الساعة الثامنة
a las nueve	as sāʿa at tāsiʿa الساعة التاسعة
¿Le gusta este lugar?	hal yuʿʒibak al makān? هل يعجبك المكان؟
¿Está aquí con alguien?	hal anta huna maʿ aḥad? هل أنت هنا مع أحد؟
Estoy con mi amigo /amiga/.	ana maʿ ṣadīq أنا مع صديق

Estoy con amigos.	ana ma' aṣdiqā' أنا مع أصدقاء
No, estoy solo /sola/.	la, ana li waḥdi لا، أنا لوحدي
¿Tienes novio?	hal 'indak ṣadīq? هل عندك صديق؟
Tengo novio.	ana 'indi ṣadīq أنا عندي صديق
¿Tienes novia?	hal 'indak ṣadīqa? هل عندك صديقة؟
Tengo novia.	ana 'indi ṣadīqa أنا عندي صديقة
¿Te puedo volver a ver?	hal yumkinuni ru'yatak marra uχra? هل يمكنني رؤيتك مرة أخرى؟
¿Te puedo llamar?	hal astaṭī' an attaṣil bik? هل أستطيع أن أتصل بك؟
Llámame.	ittaṣil bi إتصل بي
¿Cuál es tu número?	ma raqmak? ما رقمك؟
Te echo de menos.	aʃtāq ilayk أشتاق إليك
¡Qué nombre tan bonito!	ismak ʒamīl إسمك جميل
Te quiero.	uḥibbak أحبك
¿Te casarías conmigo?	hal tatazawwaʒīnani? هل تتزوجينني؟
¡Está de broma!	anta tamzaḥ! أنت تمزح!
Sólo estoy bromeando.	ana amzaḥ faqaṭ أنا أمزح فقط
¿En serio?	hal anta gadd? هل أنت جاد؟
Lo digo en serio.	ana gādd أنا جاد
¿De verdad?	ṣaḥīḥ? صحيح؟
¡Es increíble!	haða ɣayr ma'qūl! هذا غير معقول!
No le creo.	la uṣaddiqak لا أصدقك
No puedo.	ana la astaṭī' أنا لا أستطيع
No lo sé.	la a'rif أنا لا أعرف
No le entiendo.	la afhamak أنا لا أفهمك

Váyase, por favor.	min faḍlak iðhab min huna من فضلك إذهب من هنا
¡Déjeme en paz!	utrukni li waḥdi! أتركني لوحدي!

Es inaguantable.	ana la uṭīquhu أنا لا أطيقه
¡Es un asqueroso!	anta muqrif أنت مقرف
¡Llamaré a la policía!	haṭṭlob el ʃorṭa سأتصل بالشرطة

Compartir impresiones. Emociones

Me gusta.	yuʿʒibuni ðalika **يعجبني ذلك**
Muy lindo.	ʒamīl ʒiddan **جميل جدا**
¡Es genial!	haða rāʾiʿ **هذا رائع**
No está mal.	la baʾs bihi **لا بأس به**
No me gusta.	la yuʿʒibuni ðalika **لا يعجبني ذلك**
No está bien.	laysa ʒayyid **ليس جيدا**
Está mal.	haða sayyiʾ **هذا سيء**
Está muy mal.	haða sayyiʾ ʒiddan **هذا سيء جدا**
¡Qué asco!	haða muqrif **هذا مقرف**
Estoy feliz.	ana saʿīd /saʿīda/ **أنا سعيد /سعيدة/**
Estoy contento /contenta/.	ana mabsūṭ /mabsūṭa/ **أنا مبسوط /مبسوطة/**
Estoy enamorado /enamorada/.	ana uḥibb **أنا أحب**
Estoy tranquilo.	ana hādiʾ /hādiʾa/ **أنا هادئ /هادئة/**
Estoy aburrido.	aʃʿur bil malal **أشعر بالملل**
Estoy cansado /cansada/.	ana taʿbān /taʿbāna/ **أنا تعبان /تعبانة/**
Estoy triste.	ana ḥazīn /ḥazīna/ **أنا حزين /حزينة/**
Estoy asustado.	ana χāʾif /χāʾifa/ **أنا خائف /خائفة/**
Estoy enfadado /enfadada/.	ana ɣāḍib /ɣāḍiba/ **أنا غاضب /غاضبة/**
Estoy preocupado /preocupada/.	ana qaliq /qaliqa/ **أنا قلق /قلقة/**
Estoy nervioso /nerviosa/.	ana mutawattir /mutawattira/ **أنا متوتر /متوترة/**

Estoy celoso /celosa/.	ana ɣayūr /ɣayūra/ **أنا غيور /غيورة/**
Estoy sorprendido /sorprendida/.	ana mutafāʒi' /mutafāʒi'a/ **أنا متفاجئ /متفاجئة/**
Estoy perplejo /perpleja/.	ana ḥā'ir /ḥā'ira/ **أنا حائر /حائرة/**

Problemas, Accidentes

Tengo un problema.	ʿindi muʃkila **عندي مشكلة**
Tenemos un problema.	ʿindana muʃkila **عندنا مشكلة**
Estoy perdido /perdida/.	aḍaʿt ṭarīqi **أضعت طريقي**
Perdi el último autobús (tren).	fātatni ʾāχir ḥāfila **فاتتني آخر حافلة**
No me queda más dinero.	laysa ladayya ayy māl **ليس لدي أي مال**
He perdido …	faqadt … **فقدت …**
Me han robado …	saraqu minni … **سرقوا مني …**
mi pasaporte	ʒawāz as safar **جواز السفر**
mi cartera	al maḥfaẓa **المحفظة**
mis papeles	al awrāq **الأوراق**
mi billete	at taðkira **التذكرة**
mi dinero	an nuqūd **النقود**
mi bolso	aʃ ʃanṭa **الشنطة**
mi cámara	al kamira **الكاميرا**
mi portátil	al kumbyūtir al maḥmūl **الكمبيوتر المحمول**
mi tableta	al kumbyūtir al lawḥiy **الكمبيوتر اللوحي**
mi teléfono	at tilifūn al maḥmūl **التليفون المحمول**
¡Ayúdeme!	sāʿidni! **!ساعدني**
¿Qué pasó?	māða ḥadaθ? **ماذا حدث؟**
el incendio	ḥarīqa **حريقة**

un tiroteo	iṭlāq an nār **إطلاق النار**
el asesinato	qatl **قتل**
una explosión	infiʒār **إنفجار**
una pelea	χināqa **خناقة**
¡Llame a la policía!	ittaṣil biʃ ʃurṭa! **إتصل بالشرطة!**
¡Más rápido, por favor!	bi surʿa min faḍlak! **بسرعة من فضلك!**
Busco la comisaría.	abḥaθ ʿan qism aʃ ʃurṭa **أبحث عن قسم الشرطة**
Tengo que hacer una llamada.	urīd iʒrāʾ mukālama hātifiyya **أريد إجراء مكالمة هاتفية**
¿Puedo usar su teléfono?	hal yumkinuni an astaχdim tilifūnak? **هل يمكنني أن أستخدم تليفونك؟**
Me han ...	laqat taʿarraḍt li ... **لقد تعرضت لـ...**
asaltado /asaltada/	sirqa **سرقة**
robado /robada/	sirqa **سرقة**
violada	iɣtiṣāb **إغتصاب**
atacado /atacada/	iʿtidāʾ **إعتداء**
¿Se encuentra bien?	hal anta bi χayr? **هل أنت بخير؟**
¿Ha visto quien a sido?	hal raʾayt man kān ðalik? **هل رأيت من كان ذلك؟**
¿Sería capaz de reconocer a la persona?	hal tastaṭīʿ at taʿarruf ʿalayhi? **هل ستستطيع التعرف عليه؟**
¿Está usted seguro?	hal anta mutaʾkked? **هل أنت متأكد؟**
Por favor, cálmese.	ihdaʾ min faḍlak **إهدأ من فضلك**
¡Cálmese!	hawwin ʿalayk! **هون عليك!**
¡No se preocupe!	la taqlaq! **لا تقلق!**
Todo irá bien.	kull ʃayʾ sayakūn ʿala ma yurām **كل شيء سيكون على ما يرام**
Todo está bien.	kull ʃayʾ ʿala ma yurām **كل شيء على ما يرام**
Venga aquí, por favor.	taʿāla huna law samaḥt **تعال هنا لو سمحت**

Tengo unas preguntas para usted.	ʻindi lak as'ila عندي لك أسئلة
Espere un momento, por favor.	intaẓir laḥẓa min faḍlak إنتظر لحظة من فضلك
¿Tiene un documento de identidad?	hal ʻindak biṭāqa ʃaχsiyya? هل عندك بطاقة شخصية؟
Gracias. Puede irse ahora.	ʃukran. yumkinuka al muɣādara al 'ān شكرا. يمكنك المغادرة الآن
¡Manos detrás de la cabeza!	ḍaʻ yadayk χalfa ra'sak! ضع يديك خلف رأسك!
¡Está arrestado!	anta mawqūf! أنت موقوف!

Problemas de salud

Ayudeme, por favor.	sā'idni min faḍlak ساعدني من فضلك
No me encuentro bien.	la aʃ'ur bi χayr لا أشعر بخير
Mi marido no se encuentra bien.	zawʒi la yaʃ'ur bi χayr زوجي لا يشعر بخير
Mi hijo ...	ibni ... إبني ...
Mi padre ...	abi ... أبي ...
Mi mujer no se encuentra bien.	zawʒati la taʃ'ur bi χayr زوجتي لا تشعر بخير
Mi hija ...	ibnati ... إبنتي ...
Mi madre ...	ummi ... أمي ...
Me duele ...	ana 'indi ... أنا عندي ...
la cabeza	ṣudā' صداع
la garganta	iltihāb fil ḥalq إلتهاب في الحلق
el estómago	maɣaṣ مغص
un diente	alam asnān ألم أسنان
Estoy mareado.	aʃ'ur bid dawār أشعر بالدوار
Él tiene fiebre.	'indahu ḥumma عنده حمى
Ella tiene fiebre.	'indaha ḥumma عندها حمى
No puedo respirar.	la astaṭī' at tanaffus لا أستطيع التنفس
Me ahogo.	aʃ'ur bi ḍīq at tanaffus أشعر بضيق التنفس
Tengo asma.	u'āni min ar rabw أعاني من الربو
Tengo diabetes.	ana 'indi maraḍ as sukkar أنا عندي مرض السكر

No puedo dormir.	la astaṭīʿ an anām لا أستطيع أن أنام
intoxicación alimentaria	tasammum ɣiðāʾiy تسمم غذائي
Me duele aquí.	aʃur bi alam huna أشعر بألم هنا
¡Ayúdeme!	sāʿidni! ساعدني!
¡Estoy aquí!	ana huna! أنا هنا!
¡Estamos aquí!	naḥnu huna! نحن هنا!
¡Saquenme de aquí!	aχraʒūni min huna أخرجوني من هنا!
Necesito un médico.	ana aḥtāʒ ila ṭabīb أنا أحتاج إلى طبيب
No me puedo mover.	la astaṭīʿ an ataḥarrak لا أستطيع أن أتحرك
No puedo mover mis piernas.	la astaṭīʿ an uḥarrik riʒlayya لا أستطيع أن أحرك رجلي
Tengo una herida.	ʿindi ʒurḥ عندي جرح
¿Es grave?	hal al amr χaṭīr? هل الأمر خطير؟
Mis documentos están en mi bolsillo.	awrāqi fi ʒaybi أوراقي في جيبي
¡Cálmese!	ihdaʾ! إهدأ!
¿Puedo usar su teléfono?	hal yumkinuni an astaχdim tilifūnak? هل يمكنني أن أستخدم تليفونك؟
¡Llame a una ambulancia!	ittaṣil bil isʿāf! إتصل بالإسعاف!
¡Es urgente!	al amr ʿāʒil! الأمر عاجل!
¡Es una emergencia!	innaha ḥāla ṭāriʾa! إنها حالة طارئة!
¡Más rápido, por favor!	bi surʿa min faḍlak! بسرعة من فضلك!
¿Puede llamar a un médico, por favor?	ittaṣil bit ṭabib min faḍlak? إتصل بالطبيب من فضلك
¿Dónde está el hospital?	ayna al mustaʃfa? أين المستشفى؟
¿Cómo se siente?	kayf taʃur al ʾān كيف تشعر الآن؟
¿Se encuentra bien?	hal anta bi χayr? هل أنت بخير؟
¿Qué pasó?	māða ḥadaθ? ماذا حدث؟

Me encuentro mejor.	aʃʿur bi taḥassun al ʾān أشعر بتحسن الآن
Está bien.	la baʾs لا بأس
Todo está bien.	kull ʃayʾ ʿala ma yurām كل شيء على ما يرام

En la farmacia

la farmacia	ṣaydaliyya **صيدلية**
la farmacia 24 horas	ṣaydaliyya arba‘ wa ‘iʃrīn sā‘a **صيدلية 24 ساعة**
¿Dónde está la farmacia más cercana?	ayna aqrab ṣaydaliyya? **أين أقرب صيدلية؟**
¿Está abierta ahora?	hal hiya maftūḥa al 'ān? **هل هي مفتوحة الآن؟**
¿A qué hora abre?	mata taftaḥ? **متى تفتح؟**
¿A qué hora cierra?	mata tuɣliq? **متى تغلق؟**
¿Está lejos?	hal hiya ba‘īda? **هل هي بعيدة؟**
¿Puedo llegar a pie?	hal yumkinuni an aṣil ila hunāk māʃiyan? **هل يمكنني أن أصل إلى هناك ماشيا؟**
¿Puede mostrarme en el mapa?	arīni ‘alal xarīṭa min faḍlak **أريني على الخريطة من فضلك**
Por favor, deme algo para ...	min faḍlak a‘ṭini ʃay' li ... **من فضلك أعطني شيئا لـ...**
un dolor de cabeza	aṣ ṣudā‘ **الصداع**
la tos	as su‘āl **السعال**
el resfriado	al bard **البرد**
la gripe	al influenza **الأنفلوانزا**
la fiebre	al ḥumma **الحمى**
un dolor de estomago	el maɣaṣ **المغص**
nauseas	a ɣaθayān **الغثيان**
la diarrea	al ishāl **الإسهال**
el estreñimiento	al imsāk **الإمساك**
un dolor de espalda	alam fiẓ ẓahr **ألم في الظهر**

un dolor de pecho	alam fiṣ ṣadr ألم في الصدر
el flato	ɣurza ʒānibiyya غرزة جانبية
un dolor abdominal	alam fil baṭn ألم في البطن

la píldora	ḥabba حبة
la crema	marham, krīm مرهم، كريم
el jarabe	ʃarāb شراب
el spray	baxxāx بخاخ
las gotas	qaṭarāt قطرات

Tiene que ir al hospital.	ʿalayk an taðhab ilal mustaʃfa عليك أن تذهب إلى المستشفى
el seguro de salud	ta'mīn ṣiḥḥiy تأمين صحي
la receta	waṣfa ṭibbiyya وصفة طبية
el repelente de insectos	ṭārid lil ḥaʃarāt طارد للحشرات
la curita	laṣqa lil ʒurūḥ لصقة للجروح

Lo más imprescindible

Perdone, ...	law samaḥt, ... **لو سمحت، ...**
Hola.	as salāmu ʿalaykum **السلام عليكم**
Gracias.	ʃukran **شكرا**
Sí.	naʿam **نعم**
No.	la **لا**
No lo sé.	la aʿrif **لا أعرف**
¿Dónde? | ¿A dónde? | ¿Cuándo?	ayna? | ila ayna? | mata? **أين؟ | إلى أين؟ | متى؟**
Necesito ...	ana aḥtāʒ ila ... **أنا أحتاج إلى...**
Quiero ...	ana urīd ... **أنا أريد ...**
¿Tiene ...?	hal ʿindak ...? **هل عندك... ؟**
¿Hay ... por aquí?	hal yūʒad huna ...? **هل يوجد هنا ...؟**
¿Puedo ...?	hal yumkinuni ...? **هل يمكنني...؟**
..., por favor? (petición educada)	... min faḍlak **... من فضلك**
Busco ...	abḥaθ ʿan ... **أبحث عن ...**
el servicio	ḥammām **حمام**
un cajero automático	mākīnat ṣarrāf ʾāliy **ماكينة صراف آلي**
una farmacia	ṣaydaliyya **صيدلية**
el hospital	mustaʃfa **مستشفى**
la comisaría	qism aʃ ʃurṭa **قسم شرطة**
el metro	mitru al anfāq **مترو الأنفاق**

un taxi	taksi تاكسي
la estación de tren	mahattat al qitār محطة القطار

Me llamo ...	ismi ... إسمي...
¿Cómo se llama?	ma smuka? ما اسمك؟
¿Puede ayudarme, por favor?	sā'idni min fadlak ساعدني من فضلك
Tengo un problema.	'indi muʃkila عندي مشكلة
Me encuentro mal.	la aʃ'ur bi χayr لا أشعر بخير
¡Llame a una ambulancia!	ittasil bil is'āf! إتصل بالإسعاف!
¿Puedo llamar, por favor?	hal yumkinuni iʒrā' mukālama tilifūniyya? هل يمكنني إجراء مكالمة هاتفية؟

Lo siento.	ana 'āsif أنا آسف
De nada.	al 'afw العفو

Yo	ana أنا
tú	anta أنت
él	huwa هو
ella	hiya هي
ellos	hum هم
ellas	hum هم
nosotros /nosotras/	nahnu نحن
ustedes, vosotros	antum أنتم
usted	hadritak حضرتك

ENTRADA	duχūl دخول
SALIDA	χurūʒ خروج
FUERA DE SERVICIO	mu'attal معطل
CERRADO	muɣlaq مغلق

ABIERTO	maftūḥ **مفتوح**
PARA SEÑORAS	lis sayyidāt **للسيدات**
PARA CABALLEROS	lir riʒāl **للرجال**

DICCIONARIO CONCISO

Esta sección contiene más de 1.500 palabras útiles. El diccionario incluye muchos términos gastronómicos y será de gran ayuda para pedir alimentos en un restaurante o comprando comestibles en la tienda

T&P Books Publishing

CONTENIDO DEL DICCIONARIO

T&P Books Publishing

1. La hora. El calendario

tiempo (m)	wa't (m)	وقت
hora (f)	sāʿa (f)	ساعة
media hora (f)	noṣṣ sāʿa (m)	نصّ ساعة
minuto (m)	deʾīʾa (f)	دقيقة
segundo (m)	sanya (f)	ثانية
hoy (adv)	el naharda	النهارده
mañana (adv)	bokra	بكرة
ayer (adv)	embāreḥ	امبارح
lunes (m)	el etneyn (m)	الإتنين
martes (m)	el talāt (m)	التلات
miércoles (m)	el arbeʿāʾ (m)	الأربعاء
jueves (m)	el χamīs (m)	الخميس
viernes (m)	el gomʿa (m)	الجمعة
sábado (m)	el sabt (m)	السبت
domingo (m)	el aḥad (m)	الأحد
día (m)	yome (m)	يوم
día (m) de trabajo	yome ʿamal (m)	يوم عمل
día (m) de fiesta	agāza rasmiya (f)	أجازة رسميّة
fin (m) de semana	nehāyet el osbūʿ (f)	نهاية الأسبوع
semana (f)	osbūʿ (m)	أسبوع
semana (f) pasada	el esbūʿ elly fāt	الأسبوع اللي فات
semana (f) que viene	el esbūʿ elly gayī	الأسبوع اللي جاي
salida (f) del sol	ʃorūʾ el ʃams (m)	شروق الشمس
puesta (f) del sol	ɣorūb el ʃams (m)	غروب الشمس
por la mañana	fel ṣobḥ	في الصبح
por la tarde	baʿd el ḍohr	بعد الظهر
por la noche	bel leyl	بالليل
esta noche (p.ej. 8:00 p.m.)	el naharda bel leyl	النهاردة بالليل
por la noche	bel leyl	بالليل
medianoche (f)	noṣṣ el leyl (m)	نصّ الليل
enero (m)	yanāyer (m)	يناير
febrero (m)	febrāyer (m)	فبراير
marzo (m)	māres (m)	مارس
abril (m)	ebrīl (m)	إبريل
mayo (m)	māyo (m)	مايو
junio (m)	yonyo (m)	يونيو
julio (m)	yolyo (m)	يوليو

agosto (m)	oɣosṭos (m)	أغسطس
septiembre (m)	sebtamber (m)	سبتمبر
octubre (m)	oktober (m)	أكتوبر
noviembre (m)	november (m)	نوفمبر
diciembre (m)	desember (m)	ديسمبر
en primavera	fel rabeeʿ	في الربيع
en verano	fel ṣeyf	في الصيف
en otoño	fel χarīf	في الخريف
en invierno	fel ʃetāʾ	في الشتاء
mes (m)	ʃahr (m)	شهر
estación (f)	faṣl (m)	فصل
año (m)	sana (f)	سنة
siglo (m)	qarn (m)	قرن

2. Números. Los numerales

cifra (f)	raqam (m)	رقم
número (m) (~ cardinal)	ʿadad (m)	عدد
menos (m)	nāʾeṣ (m)	ناقص
más (m)	zāʾed (m)	زائد
suma (f)	magmūʿ (m)	مجموع
primero (adj)	awwel	أوّل
segundo (adj)	tāny	ثاني
tercero (adj)	tālet	ثالث
cero	ṣefr	صفر
uno	wāḥed	واحد
dos	etneyn	إتنين
tres	talāta	ثلاثة
cuatro	arbaʿa	أربعة
cinco	χamsa	خمسة
seis	setta	ستّة
siete	sabʿa	سبعة
ocho	tamanya	ثمانية
nueve	tesʿa	تسعة
diez	ʿaʃara	عشرة
once	ḥedāʃar	حداشر
doce	etnāʃar	إتناشر
trece	talattāʃar	تلاتّاشر
catorce	arbaʿtāʃer	أربعتاشر
quince	χamastāʃer	خمستاشر
dieciséis	settāʃar	ستّاشر
diecisiete	sabaʿtāʃar	سبعتاشر
dieciocho	tamantāʃar	تمنتاشر

diecinueve	tesʿatāʃar	تسعتاشر
veinte	ʿeʃrīn	عشرين
treinta	talatīn	ثلاثين
cuarenta	arbeʿīn	أربعين
cincuenta	χamsīn	خمسين
sesenta	settīn	ستّين
setenta	sabʿīn	سبعين
ochenta	tamanīn	ثمانين
noventa	tesʿīn	تسعين
cien	miya	ميّة
doscientos	meteyn	ميتين
trescientos	toltomiya	تلتميّة
cuatrocientos	robʿomiya	ربعميّة
quinientos	χomsomiya	خمسميّة
seiscientos	sotomiya	ستميّة
setecientos	sobʿomiya	سبعميّة
ochocientos	tomnomeʾa	ثمنمئة
novecientos	tosʿomiya	تسعميّة
mil	alf	ألف
diez mil	ʿaʃaret ʾālāf	عشرة آلاف
cien mil	mīt alf	ميت ألف
millón (m)	millyon (m)	مليون
mil millones	millyār (m)	مليار

3. El ser humano. Los familiares

hombre (m) (varón)	rāgel (m)	راجل
joven (m)	ʃāb (m)	شاب
adolescente (m)	morāheq (m)	مراهق
mujer (f)	set (f)	ست
muchacha (f)	bent (f)	بنت
edad (f)	ʿomr (m)	عمر
adulto	rāʃed (m)	راشد
de edad media (adj)	fe montaṣaf el ʿomr	في منتصف العمر
anciano, mayor (adj)	ʿagūz	عجوز
viejo (adj)	ʿagūz	عجوز
anciano (m)	ʿagūz (m)	عجوز
anciana (f)	ʿagūza (f)	عجوزة
jubilación (f)	maʿāʃ (m)	معاش
jubilarse	oḥīl ʿala el maʿāʃ	أحيل على المعاش
jubilado (m)	motaqāʿed (m)	متقاعد
madre (f)	walda (f)	والدة
padre (m)	wāled (m)	والد
hijo (m)	walad (m)	ولد

hija (f)	bent (f)	بنت
hermano (m)	aχ (m)	أخ
hermano (m) mayor	el aχ el kibīr (m)	الأخ الكبير
hermano (m) menor	el aχ el ṣoɣeyyir (m)	الأخ الصغير
hermana (f)	uχt (f)	أخت
hermana (f) mayor	el uχt el kibīra (f)	الأخت الكبيرة
hermana (f) menor	el uχt el ṣoɣeyyira (f)	الأخت الصغيرة
padres (pl)	waldeyn (du)	والدين
niño -a (m, f)	ṭefl (m)	طفل
niños (pl)	aṭfāl (pl)	أطفال
madrastra (f)	merāt el abb (f)	مرات الأب
padrastro (m)	goze el omm (m)	جوز الأم
abuela (f)	gedda (f)	جدّة
abuelo (m)	gadd (m)	جدّ
nieto (m)	ḥafīd (m)	حفيد
nieta (f)	ḥafīda (f)	حفيدة
nietos (pl)	aḥfād (pl)	أحفاد
tío (m)	ʿamm (m), χāl (m)	عمّ, خال
tía (f)	ʿamma (f), χāla (f)	عمّة, خالة
sobrino (m)	ibn el aχ (m), ibn el uχt (m)	إبن الأخ, إبن الأخت
sobrina (f)	bint el aχ (f), bint el uχt (f)	بنت الأخ, بنت الأخت
mujer (f)	goza (f)	جوزة
marido (m)	goze (m)	جوز
casado (adj)	metgawwez	متجوّز
casada (adj)	metgawweza	متجوّزة
viuda (f)	armala (f)	أرملة
viudo (m)	armal (m)	أرمل
nombre (m)	esm (m)	اسم
apellido (m)	esm el ʿaʾela (m)	اسم العائلة
pariente (m)	ʾarīb (m)	قريب
amigo (m)	ṣadīq (m)	صديق
amistad (f)	ṣadāqa (f)	صداقة
compañero (m)	rafīʾ (m)	رفيق
superior (m)	el arfaʿ maqāman (m)	الأرفع مقاماً
colega (m, f)	zamīl (m)	زميل
vecinos (pl)	gerān (pl)	جيران

4. El cuerpo. La anatomía humana

organismo (m)	ʿoḍw (m)	عضو
cuerpo (m)	gesm (m)	جسم
corazón (m)	ʾalb (m)	قلب
sangre (f)	damm (m)	دم
cerebro (m)	mokχ (m)	مخ

nervio (m)	ʿaṣab (m)	عصب
hueso (m)	ʿaḍm (m)	عظم
esqueleto (m)	haykal ʿazmy (m)	هيكل عظمي
columna (f) vertebral	ʿamūd faqry (m)	عمود فقري
costilla (f)	ḍelʿ (m)	ضلع
cráneo (m)	gomgoma (f)	جمجمة
músculo (m)	ʿaḍala (f)	عضلة
pulmones (m pl)	reʾateyn (du)	رئتين
piel (f)	boʃra (m)	بشرة
cabeza (f)	raʾs (m)	رأس
cara (f)	weʃ (m)	وش
nariz (f)	manaχīr (m)	مناخير
frente (f)	gabha (f)	جبهة
mejilla (f)	χadd (m)	خدّ
boca (f)	boʾ (m)	بوء
lengua (f)	lesān (m)	لسان
diente (m)	senna (f)	سنّة
labios (m pl)	ʃafāyef (pl)	شفايف
mentón (m)	daʾʾn (m)	دقن
oreja (f)	wedn (f)	ودن
cuello (m)	raʾaba (f)	رقبة
garganta (f)	zore (m)	زور
ojo (m)	ʿeyn (f)	عين
pupila (f)	ḥadʾa (f)	حدقة
ceja (f)	ḥāgeb (m)	حاجب
pestaña (f)	remʃ (m)	رمش
pelo, cabello (m)	ʃaʿr (m)	شعر
peinado (m)	tasrīḥa (f)	تسريحة
bigote (m)	ʃanab (pl)	شنب
barba (f)	leḥya (f)	لحية
tener (~ la barba)	ʿando	عنده
calvo (adj)	aṣlaʿ	أصلع
mano (f)	yad (m)	يد
brazo (m)	derāʿ (f)	دراع
dedo (m)	ṣobāʿ (m)	صباع
uña (f)	ḍefr (m)	ضفر
palma (f)	kaff (f)	كفّ
hombro (m)	ketf (f)	كتف
pierna (f)	regl (f)	رجل
planta (f)	qadam (f)	قدم
rodilla (f)	rokba (f)	ركبة
talón (m)	kaʿb (m)	كعب
espalda (f)	ḍahr (m)	ضهر
cintura (f), talle (m)	wesṭ (f)	وسط

lunar (m)	ʃāma (f)	شامة
marca (f) de nacimiento	waḥma	وحمة

5. La medicina. Las drogas

salud (f)	ṣeḥḥa (f)	صحّة
sano (adj)	salīm	سليم
enfermedad (f)	maraḍ (m)	مرض
estar enfermo	mereḍ	مرض
enfermo (adj)	marīḍ	مريض
resfriado (m)	zokām (m)	زكام
resfriarse (vr)	gālo bard	جاله برد
angina (f)	eltehāb el lawzateyn (m)	إلتهاب اللوزتين
pulmonía (f)	eltehāb ra'awy (m)	إلتهاب رئوي
gripe (f)	influenza (f)	إنفلونزا
resfriado (m) (coriza)	raʃ-ḥ fel anf (m)	رشح في الأنف
tos (f)	koḥḥa (f)	كحّة
toser (vi)	kaḥḥ	كحّ
estornudar (vi)	'aṭas	عطس
insulto (m)	sakta (f)	سكتة
ataque (m) cardiaco	azma 'albiya (f)	أزمة قلبية
alergia (f)	ḥasasiya (f)	حساسيّة
asma (f)	rabw (m)	ربو
diabetes (f)	dā' el sokkary (m)	داء السكّري
tumor (m)	waram (m)	ورم
cáncer (m)	saraṭān (m)	سرطان
alcoholismo (m)	edmān el χamr (m)	إدمان الخمر
SIDA (m)	el eydz (m)	الايدز
fiebre (f)	ḥomma (f)	حمّى
mareo (m)	dawār el baḥr (m)	دوار البحر
moradura (f)	kadma (f)	كدمة
chichón (m)	tawarrom (m)	تورّم
cojear (vi)	'arag	عرج
dislocación (f)	χal' (m)	خلع
dislocar (vt)	χala'	خلع
fractura (f)	kasr (m)	كسر
quemadura (f)	ḥar' (m)	حرق
herida (f)	eṣāba (f)	إصابة
dolor (m)	alam (m)	ألم
dolor (m) de muelas	alam asnān (m)	ألم الأسنان
sudar (vi)	'ere'	عرق
sordo (adj)	aṭraʃ	أطرش
mudo (adj)	aχras	أخرس

inmunidad (f)	manā'a (f)	مناعة
virus (m)	virūs (m)	فيروس
microbio (m)	mikrūb (m)	ميكروب
bacteria (f)	garsūma (f)	جرثومة
infección (f)	'adwa (f)	عدوى
hospital (m)	mostaʃfa (m)	مستشفى
cura (f)	ʃefā' (m)	شفاء
vacunar (vt)	laqqaḥ	لقّح
estar en coma	kān fi ḥālet ɣaybūba	كان في حالة غيبوبة
revitalización (f)	el 'enāya el morakkaza (f)	العناية المركّزة
síntoma (m)	'araḍ (m)	عرض
pulso (m)	nabḍ (m)	نبض

6. Los sentimientos. Las emociones

yo	ana	أنا
tú (masc.)	enta	أنت
tú (fem.)	enty	أنت
él	howwa	هوّ
ella	hiya	هي
nosotros, -as	eḥna	إحنا
vosotros, -as	antom	أنتم
ellos, ellas	hamm	هم
¡Hola! (form.)	assalamu 'alaykum!	السلام عليكم!
¡Buenos días!	ṣabāḥ el xeyr!	صباح الخير!
¡Buenas tardes!	neharak sa'īd!	نهارك سعيد!
¡Buenas noches!	masā' el xeyr!	مساء الخير!
decir hola	sallem	سلّم
saludar (vt)	sallem 'ala	سلّم على
¿Cómo estás?	ezzayek?	ازّيك؟
¡Chau! ¡Adiós!	ma' el salāma!	مع السلامة!
¡Gracias!	ʃokran!	شكراً!
sentimientos (m pl)	maʃā'er (pl)	مشاعر
tener hambre	'āyez 'ākol	عايز آكل
tener sed	'āyez aʃrab	عايز أشرب
cansado (adj)	ta'bān	تعبان
inquietarse (vr)	'ele'	قلق
estar nervioso	etwattar	إتوتّر
esperanza (f)	amal (m)	أمل
esperar (tener esperanza)	tamanna	تمنّى
carácter (m)	ʃaxṣiya (f)	شخصية
modesto (adj)	motawāḍe'	متواضع
perezoso (adj)	kaslān	كسلان

generoso (adj)	karīm	كريم
talentoso (adj)	mawhūb	موهوب
honesto (adj)	amīn	أمين
serio (adj)	gād	جاد
tímido (adj)	xagūl	خجول
sincero (adj)	moxleṣ	مخلص
cobarde (m)	gabān (m)	جبان
dormir (vi)	nām	نام
sueño (m) (dulces ~s)	ḥelm (m)	حلم
cama (f)	serīr (m)	سرير
almohada (f)	maxadda (f)	مخدّة
insomnio (m)	araq (m)	أرق
irse a la cama	rāḥ lel serīr	راح للسرير
pesadilla (f)	kabūs (m)	كابوس
despertador (m)	monabbeh (m)	منبّه
sonrisa (f)	ebtesāma (f)	إبتسامة
sonreír (vi)	ebtasam	إبتسم
reírse (vr)	ḍeḥek	ضحك
disputa (f), riña (f)	xenā'a (f)	خناقة
insulto (m)	ehāna (f)	إهانة
ofensa (f)	esteyā' (m)	إستياء
enfadado (adj)	ɣaḍbān	غضبان

7. La ropa. Accesorios personales

ropa (f)	malābes (pl)	ملابس
abrigo (m)	balṭo (m)	بالطو
abrigo (m) de piel	balṭo farww (m)	بالطو فروّ
cazadora (f)	ʒæket (m)	جاكيت
impermeable (m)	ʒæket lel maṭar (m)	جاكيت للمطر
camisa (f)	'amīṣ (m)	قميص
pantalones (m pl)	banṭalone (f)	بنطلون
chaqueta (f), saco (m)	ʒæket (f)	جاكت
traje (m)	badla (f)	بدلة
vestido (m)	fostān (m)	فستان
falda (f)	ʒība (f)	جيبة
camiseta (f) (T-shirt)	ti ʃirt (m)	تي شيرت
bata (f) de baño	robe el ḥammām (m)	روب حمّام
pijama (m)	beʒāma (f)	بيجاما
ropa (f) de trabajo	lebs el ʃoɣl (m)	لبس الشغل
ropa (f) interior	malābes dāxeliya (pl)	ملابس داخلية
calcetines (m pl)	ʃarāb (m)	شراب
sostén (m)	setyāna (f)	ستيانة

pantimedias (f pl)	klone (m)	كلون
medias (f pl)	gawāreb (pl)	جوارب
traje (m) de baño	mayo (m)	مايّوه
gorro (m)	ṭa'iya (f)	طاقيّة
calzado (m)	gezam (pl)	جزم
botas (f pl) altas	būt (m)	بوت
tacón (m)	ka'b (m)	كعب
cordón (m)	ʃerīʾṭ (m)	شريط
betún (m)	warnīʃ el gazma (m)	ورنيش الجزمة
algodón (m)	ʾoṭn (m)	قطن
lana (f)	ṣūf (m)	صوف
piel (f) (~ de zorro, etc.)	farww (m)	فروّ
guantes (m pl)	gwanty (m)	جوانتي
manoplas (f pl)	gwanty men ɣeyr aṣābeʿ (m)	جوانتي من غير أصابع
bufanda (f)	skarf (m)	سكارف
gafas (f pl)	naḍḍāra (f)	نظّارة
paraguas (m)	ʃamsiya (f)	شمسيّة
corbata (f)	karavetta (f)	كرافتة
moquero (m)	mandīl (m)	منديل
peine (m)	meʃṭ (m)	مشط
cepillo (m) de pelo	forʃet ʃaʿr (f)	فرشة شعر
hebilla (f)	bokla (f)	بكلة
cinturón (m)	ḥezām (m)	حزام
bolso (m)	ʃanṭet yad (f)	شنطة يد
cuello (m)	yāʾa (f)	ياقة
bolsillo (m)	geyb (m)	جيب
manga (f)	komm (m)	كمّ
bragueta (f)	lesān (m)	لسان
cremallera (f)	sosta (f)	سوستة
botón (m)	zerr (m)	زرّ
ensuciarse (vr)	ettwassaχ	إتّوسّخ
mancha (f)	boʾʿa (f)	بقعة

8. La ciudad. Las instituciones urbanas

tienda (f)	maḥal (m)	محل
centro (m) comercial	mole (m)	مول
supermercado (m)	subermarket (m)	سوبرماركت
zapatería (f)	maḥal gezam (m)	محل جزم
librería (f)	maḥal kotob (m)	محل كتب
farmacia (f)	ṣaydaliya (f)	صيدليّة
panadería (f)	maχbaz (m)	مخبز

pastelería (f)	ḥalawāny (m)	حلواني
tienda (f) de comestibles	ba''āla (f)	بقّالة
carnicería (f)	gezāra (f)	جزارة
verdulería (f)	dokkān χoḍār (m)	دكّان خضار
mercado (m)	sūʾ (f)	سوق
peluquería (f)	ṣalone ḥelāʾa (m)	صالون حلاقة
oficina (f) de correos	maktab el barīd (m)	مكتب البريد
tintorería (f)	dray klīn (m)	دراي كلين
circo (m)	serk (m)	سيرك
zoológico (m)	ḥadīqet el ḥayawān (f)	حديقة حيوان
teatro (m)	masraḥ (m)	مسرح
cine (m)	sinema (f)	سينما
museo (m)	mat-ḥaf (m)	متحف
biblioteca (f)	maktaba (f)	مكتبة
mezquita (f)	masged (m)	مسجد
sinagoga (f)	kenīs (m)	كنيس
catedral (f)	katedraʾiya (f)	كاتدرائية
templo (m)	maʿbad (m)	معبد
iglesia (f)	kenīsa (f)	كنيسة
instituto (m)	kolliya (m)	كليّة
universidad (f)	gamʿa (f)	جامعة
escuela (f)	madrasa (f)	مدرسة
hotel (m)	fondoʾ (m)	فندق
banco (m)	bank (m)	بنك
embajada (f)	safāra (f)	سفارة
agencia (f) de viajes	ʃerket seyāḥa (f)	شركة سياحة
metro (m)	metro (m)	مترو
hospital (m)	mostaʃfa (m)	مستشفى
gasolinera (f)	maḥaṭṭet banzīn (f)	محطّة بنزين
aparcamiento (m)	mawʾef el ʿarabeyāt (m)	موقف العربيات
ENTRADA	doχūl	دخول
SALIDA	χorūg	خروج
EMPUJAR	edfaʿ	إدفع
TIRAR	es-ḥab	إسحب
ABIERTO	maftūḥ	مفتوح
CERRADO	moɣlaq	مغلق
monumento (m)	temsāl (m)	تمثال
fortaleza (f)	ʾalʿa (f)	قلعة
palacio (m)	ʾaṣr (m)	قصر
medieval (adj)	men el qorūn el wosṭa	من القرون الوسطى
antiguo (adj)	ʿatīq	عتيق
nacional (adj)	waṭany	وطني
conocido (adj)	maʃ-hūr	مشهور

9. El dinero. Las finanzas

dinero (m)	folūs (pl)	فلوس
moneda (f)	'erʃ (m)	قرش
dólar (m)	dolār (m)	دولار
euro (m)	yoro (m)	يورو
cajero (m) automático	makinet ṣarrāf 'āly (f)	ماكينة صرّاف آلي
oficina (f) de cambio	ṣarrāfa (f)	صرّافة
curso (m)	se'r el ṣarf (m)	سعر الصرف
dinero (m) en efectivo	kæʃ (m)	كاش
¿Cuánto?	bekām?	بكام؟
pagar (vi, vt)	dafa'	دفع
pago (m)	daf' (m)	دفع
cambio (m) (devolver el ~)	el bā'y (m)	الباقي
precio (m)	se'r (m)	سعر
descuento (m)	χaṣm (m)	خصم
barato (adj)	reχīṣ	رخيص
caro (adj)	ɣāly	غالي
banco (m)	bank (m)	بنك
cuenta (f)	ḥesāb (m)	حساب
tarjeta (f) de crédito	kredit kard (f)	كريدت كارد
cheque (m)	ʃīk (m)	شيك
sacar un cheque	katab ʃīk	كتب شيك
talonario (m)	daftar ʃikāt (m)	دفتر شيكات
deuda (f)	deyn (m)	دين
deudor (m)	modīn (m)	مدين
prestar (vt)	sallef	سلّف
tomar prestado	estalaf	إستلف
alquilar (vt)	est'gar	إستأجر
a crédito (adv)	bel ta'seeṭ	بالتقسيط
cartera (f)	maḥfaẓa (f)	محفظة
caja (f) fuerte	χazzāna (f)	خزّانة
herencia (f)	werāsa (f)	وراثة
fortuna (f)	sarwa (f)	ثروّة
impuesto (m)	ḍarība (f)	ضريبة
multa (f)	ɣarāma (f)	غرامة
multar (vt)	faraḍ ɣarāma	فرض غرامة
al por mayor (adj)	el gomla	الجملة
al por menor (adj)	yebee' bel tagze'a	يبيع بالتجزئة
asegurar (vt)	ammen	أمّن
seguro (m)	ta'mīn (m)	تأمين
capital (m)	ra's māl (m)	رأس مال
volumen (m) de negocio	dawret ra's el māl (f)	دورة رأس المال

acción (f)	sahm (m)	سهم
beneficio (m)	rebḥ (m)	ربح
beneficioso (adj)	morbeḥ	مربح
crisis (f)	azma (f)	أزمة
bancarrota (f)	eflās (m)	إفلاس
ir a la bancarrota	falles	فلّس
contable (m)	muḥāseb (m)	محاسب
salario (m)	morattab (m)	مرتّب
premio (m)	ʿalāwa (f)	علاوة

10. El transporte

autobús (m)	buṣ (m)	باص
tranvía (m)	trām (m)	ترام
trolebús (m)	trolly buṣ (m)	ترولي باص
ir en ...	rāḥ be ...	... راح بـ
tomar (~ el autobús)	rekeb	ركب
bajar (~ del tren)	nezel men	نزل من
parada (f)	mawʾaf (m)	موّقف
parada (f) final	ʾāχer mawʾaf (m)	آخر موقف
horario (m)	gadwal (m)	جدوّل
billete (m)	tazkara (f)	تذكرة
llegar tarde (vi)	metʾakχer	متأخّر
taxi (m)	taksi (m)	تاكسي
en taxi	bel taksi	بالتاكسي
parada (f) de taxi	mawʾef taksi (m)	موّقف تاكسي
tráfico (m)	ḥaraket el morūr (f)	حركة المرور
horas (f pl) de punta	sāʿet el zorwa (f)	ساعة الذروة
aparcar (vi)	rakan	ركن
metro (m)	metro (m)	مترو
estación (f)	maḥaṭṭa (f)	محطّة
tren (m)	qeṭār, ʾaṭṭr (m)	قطار
estación (f)	maḥaṭṭet qeṭār (f)	محطّة قطار
rieles (m pl)	qoḍbān (pl)	قضبان
compartimiento (m)	ɣorfa (f)	غرفة
litera (f)	serīr (m)	سرير
avión (m)	ṭayāra (f)	طيّارة
billete (m) de avión	tazkara ṭayarān (f)	تذكرة طيران
compañía (f) aérea	ʃerket ṭayarān (f)	شركة طيران
aeropuerto (m)	maṭār (m)	مطار
vuelo (m)	ṭayarān (m)	طيران
equipaje (m)	el ʃonaṭ (pl)	الشنط

carrito (m) de equipaje	ʿarabet ʃonaṭ (f)	عربة شنط
barco, buque (m)	safīna (f)	سفينة
trasatlántico (m)	safīna seyaḥiya (f)	سفينة سياحيّة
yate (m)	yaχt (m)	يخت
bote (m) de remo	markeb (m)	مركب
capitán (m)	'obṭān (m)	قبطان
camarote (m)	kabīna (f)	كابينة
puerto (m)	minā' (m)	ميناء
bicicleta (f)	beskeletta (f)	بيسكلتّة
scooter (m)	fezba (f)	فزبة
motocicleta (f)	motosekl (m)	موتوسيكل
pedal (m)	dawwāsa (f)	دوّاسة
bomba (f)	ṭolommba (f)	طلمّبة
rueda (f)	ʿagala (f)	عجلة
coche (m)	sayāra (f)	سيّارة
ambulancia (f)	esʿāf (m)	إسعاف
camión (m)	ʃāḥena (f)	شاحنة
de ocasión (adj)	mostaʿmal	مستعمل
accidente (m)	ḥadset sayāra (f)	حادثة سيارة
reparación (f)	taṣlīḥ (m)	تصليح

11. La comida. Unidad 1

carne (f)	laḥma (f)	لحمة
gallina (f)	ferāχ (m)	فراخ
pato (m)	baṭṭa (f)	بطّة
carne (f) de cerdo	laḥm el χanazīr (m)	لحم الخنزير
carne (f) de ternera	laḥm el ʿegl (m)	لحم العجل
carne (f) de carnero	laḥm ḍāny (m)	لحم ضاني
carne (f) de vaca	laḥm baqary (m)	لحم بقري
salchichón (m)	sogo'' (m)	سجق
huevo (m)	beyḍa (f)	بيضة
pescado (m)	samak (m)	سمك
queso (m)	gebna (f)	جبنة
azúcar (m)	sokkar (m)	سكّر
sal (f)	melḥ (m)	ملح
arroz (m)	rozz (m)	رزّ
macarrones (m pl)	makaruna (f)	مكرونة
mantequilla (f)	zebda (f)	زبدة
aceite (m) vegetal	zeyt (m)	زيت
pan (m)	ʿeyʃ (m)	عيش
chocolate (m)	ʃokolāta (f)	شكولاتة
vino (m)	χamra (f)	خمرة
café (m)	'ahwa (f)	قهوة

leche (f)	laban (m)	لبن
zumo (m), jugo (m)	ʿaṣīr (m)	عصير
cerveza (f)	bīra (f)	بيرة
té (m)	ʃāy (m)	شاي
tomate (m)	ṭamāṭem (f)	طماطم
pepino (m)	χeyār (m)	خيار
zanahoria (f)	gazar (m)	جزر
patata (f)	baṭāṭes (f)	بطاطس
cebolla (f)	baṣal (m)	بصل
ajo (m)	tūm (m)	ثوم
col (f)	koronb (m)	كرنب
remolacha (f)	bangar (m)	بنجر
berenjena (f)	bātengān (m)	باذنجان
eneldo (m)	ʃabat (m)	شبت
lechuga (f)	χass (m)	خس
maíz (m)	dora (f)	ذرة
fruto (m)	faχa (f)	فاكهة
manzana (f)	toffāḥa (f)	تفّاحة
pera (f)	komettra (f)	كمّثرى
limón (m)	lymūn (m)	ليمون
naranja (f)	bortoqāl (m)	برتقال
fresa (f)	farawla (f)	فراولة
ciruela (f)	barʾūʾ (m)	برقوق
frambuesa (f)	tūt el ʿalīʾ el aḥmar (m)	توت العليق الأحمر
piña (f)	ananās (m)	أناناس
banana (f)	moze (m)	موز
sandía (f)	baṭṭīχ (m)	بطّيخ
uva (f)	ʿenab (m)	عنب
melón (m)	ʃammām (f)	شمّام

12. La comida. Unidad 2

cocina (f)	maṭbaχ (m)	مطبخ
receta (f)	waṣfa (f)	وصفة
comida (f)	akl (m)	أكل
desayunar (vi)	feṭer	فطر
almorzar (vi)	etɣadda	إتغدّى
cenar (vi)	etʿasʃa	إتعشّى
sabor (m)	ṭaʿm (m)	طعم
sabroso (adj)	ḥelw	حلو
frío (adj)	bāred	بارد
caliente (adj)	soχn	سخن
azucarado, dulce (adj)	mesakkar	مسكّر
salado (adj)	māleḥ	مالح

bocadillo (m)	sandawitʃ (m)	ساندويتش
guarnición (f)	ṭaba' gāneby (m)	طبق جانبي
relleno (m)	ḥaʃwa (f)	حشوة
salsa (f)	ṣalṣa (f)	صلصة
pedazo (m)	'eṭ'a (f)	قطعة
dieta (f)	reʒīm (m)	رجيم
vitamina (f)	vitamīn (m)	فيتامين
caloría (f)	so'ra ḥarāriya (f)	سعرة حراريّة
vegetariano (m)	nabāty (m)	نباتي
restaurante (m)	maṭ'am (m)	مطعم
cafetería (f)	'ahwa (f), kaféih (m)	قهوة, كافيه
apetito (m)	ʃahiya (f)	شهيّة
¡Que aproveche!	bel hana wel ʃefa!	!بالهنا والشفا
camarero (m)	garsone (m)	جرسون
camarera (f)	garsona (f)	جرسونة
barman (m)	bārman (m)	بارمان
carta (f), menú (m)	qā'emet el ṭa'ām (f)	قائمة طعام
cuchara (f)	ma'la'a (f)	معلقة
cuchillo (m)	sekkīna (f)	سكّينة
tenedor (m)	ʃawka (f)	شوكة
taza (f)	fengān (m)	فنجان
plato (m)	ṭaba' (m)	طبق
platillo (m)	ṭaba' fengān (m)	طبق فنجان
servilleta (f)	mandīl wara' (m)	منديل ورق
mondadientes (m)	χallet senān (f)	خلة سنان
pedir (vt)	ṭalab	طلب
plato (m)	wagba (f)	وجبة
porción (f)	naṣīb (m)	نصيب
entremés (m)	moqabbelāt (pl)	مقبّلات
ensalada (f)	solṭa (f)	سلطة
sopa (f)	ʃorba (f)	شوربة
postre (m)	ḥalawīāt (pl)	حلويّات
confitura (f)	mrabba (m)	مربى
helado (m)	'ays krīm (m)	آيس كريم
cuenta (f)	ḥesāb (m)	حساب
pagar la cuenta	dafa' el ḥesāb	دفع الحساب
propina (f)	ba'ʃīʃ (m)	بقشيش

13. La casa. El apartamento. Unidad 1

casa (f)	beyt (m)	بيت
casa (f) de campo	villa rīfiya (f)	فيلا ريفيّة
villa (f)	villa (f)	فيلا

piso (m), planta (f)	dore (m)	دور
entrada (f)	madχal (m)	مدخل
pared (f)	ḥeyṭa (f)	حيطة
techo (m)	sa'f (m)	سقف
chimenea (f)	madχana (f)	مدخنة
desván (m)	ʿelya (f)	علية
ventana (f)	ʃebbāk (m)	شبّاك
alféizar (m)	ḥāfet el ʃebbāk (f)	حافة الشبّاك
balcón (m)	balakona (f)	بلكونة
escalera (f)	sellem (m)	سلّم
buzón (m)	ṣandū' el barīd (m)	صندوق البريد
contenedor (m) de basura	ṣandū' el zebāla (m)	صندوق الزبالة
ascensor (m)	asanseyr (m)	اسانسير
electricidad (f)	kahraba' (m)	كهرباء
bombilla (f)	lammba (f)	لمّبة
interruptor (m)	meftāḥ (m)	مفتاح
enchufe (m)	bareza el kaharaba' (f)	بريزة الكهرباء
fusible (m)	fetīl (m)	فتيل
puerta (f)	bāb (m)	باب
tirador (m)	okret el bāb (f)	اوكرة الباب
llave (f)	meftāḥ (m)	مفتاح
felpudo (m)	seggādet bāb (f)	سجّادة باب
cerradura (f)	'efl el bāb (m)	قفل الباب
timbre (m)	garas (m)	جرس
toque (m) a la puerta	ṭar', da'' (m)	طرق، دقّ
tocar la puerta	χabbaṭ	خبّط
mirilla (f)	el ʿeyn el seḥriya (m)	العين السحرية
patio (m)	sāḥa (f)	ساحة
jardín (m)	geneyna (f)	جنينة
piscina (f)	ḥammām sebāḥa (m)	حمّام سباحة
gimnasio (m)	gīm (m)	جيم
cancha (f) de tenis	malʿab tennis (m)	ملعب تنسّ
garaje (m)	garāʒ (m)	جراج
propiedad (f) privada	melkiya χāṣa (f)	ملكيّة خاصّة
letrero (m) de aviso	lāfetat taḥzīr (f)	لافتة تحذير
seguridad (f)	ḥerāsa (f)	حراسة
guardia (m) de seguridad	ḥāres amn (m)	حارس أمن
renovación (f)	tagdīdāt (m)	تجديدات
renovar (vt)	gadded	جدّد
poner en orden	nazzam	نظّم
pintar (las paredes)	dahhen	دهّن
empapelado (m)	wara' ḥā'eṭ (m)	ورق حائط
cubrir con barniz	ṭala bel warnīʃ	طلى بالورنيش
tubo (m)	masūra (f)	ماسورة

instrumentos (m pl)	adawāt (pl)	أدوات
sótano (m)	badrome (m)	بدروم
alcantarillado (m)	ʃabaket el magāry (f)	شبكة المجاري

14. La casa. El apartamento. Unidad 2

apartamento (m)	ʃa''a (f)	شقّة
habitación (f)	oḍa (f)	أوضة
dormitorio (m)	oḍet el nome (f)	أوضة النوم
comedor (m)	oḍet el sofra (f)	أوضة السفرة
salón (m)	oḍet el esteqbāl (f)	أوضة الإستقبال
despacho (m)	maktab (m)	مكتب
antecámara (f)	madχal (m)	مدخل
cuarto (m) de baño	ḥammām (m)	حمّام
servicio (m)	ḥammām (m)	حمّام
suelo (m)	arḍiya (f)	أرضية
techo (m)	sa'f (m)	سقف
limpiar el polvo	masaḥ el ɣobār	مسح الغبار
aspirador (m), aspiradora (f)	maknasa kahraba'iya (f)	مكنسة كهربائيّة
limpiar con la aspiradora	naḍḍaf be maknasa kahrabā'iya	نظّف بمكنسة كهربائيّة
fregona (f)	ʃarʃūba (f)	شرشوبة
trapo (m)	mamsaḥa (f)	ممسحة
escoba (f)	ma'sʃa (f)	مقشّة
cogedor (m)	lammāma (f)	لمّامة
muebles (m pl)	asās (m)	أثاث
mesa (f)	maktab (m)	مكتب
silla (f)	korsy (m)	كرسي
sillón (m)	korsy (m)	كرسي
librería (f)	χazzānet kotob (f)	خزّانة كتب
estante (m)	raff (m)	رفّ
armario (m)	dolāb (m)	دولاب
espejo (m)	merāya (f)	مراية
tapiz (m)	seggāda (f)	سجّادة
chimenea (f)	daffāya (f)	دفّاية
cortinas (f pl)	satā'er (pl)	ستائر
lámpara (f) de mesa	abāʒūr (f)	اباجورة
lámpara (f) de araña	nagafa (f)	نجفة
cocina (f)	maṭbaχ (m)	مطبخ
cocina (f) de gas	botoɣāz (m)	بوتوغاز
cocina (f) eléctrica	forn kaharabā'y (m)	فرن كهربائي
horno (m) microondas	mikroweyv (m)	ميكروويف
frigorífico (m)	tallāga (f)	ثلاجة

congelador (m)	freyzer (m)	فريزر
lavavajillas (m)	ɣassālet aṭbā' (f)	غسّالة أطباق
grifo (m)	ḥanafiya (f)	حنفيّة
picadora (f) de carne	farrāmet laḥm (f)	فرّامة لحم
exprimidor (m)	'aṣṣāra (f)	عصّارة
tostador (m)	maḥmaṣet χobz (f)	محمصة خبز
batidora (f)	χallāṭ (m)	خلّلاط
cafetera (f) (aparato de cocina)	makinet ṣon' el 'ahwa (f)	ماكينة صنع القهوة
hervidor (m) de agua	ɣallāya (f)	غلّاية
tetera (f)	barrād el ʃāy (m)	برّاد الشاي
televisor (m)	televizion (m)	تليفزيون
vídeo (m)	'āla tasgīl video (f)	آلة تسجيل فيديو
plancha (f)	makwa (f)	مكواة
teléfono (m)	telefon (m)	تليفون

15. Los trabajos. El estatus social

director (m)	modīr (m)	مدير
superior (m)	motafawweq (m)	متفوّق
presidente (m)	ra'īs (m)	رئيس
asistente (m)	mosā'ed (m)	مساعد
secretario, -a (m, f)	sekerteyr (m)	سكرتير
propietario (m)	ṣāḥeb (m)	صاحب
socio (m)	ʃerīk (m)	شريك
accionista (m)	mālek el as-hom (m)	مالك الأسهم
hombre (m) de negocios	ragol a'māl (m)	رجل أعمال
millonario (m)	millyonīr (m)	مليونير
multimillonario (m)	milliardīr (m)	ملياردير
actor (m)	momassel (m)	ممثّل
arquitecto (m)	mohandes me'māry (m)	مهندس معماري
banquero (m)	ṣāḥeb maṣraf (m)	صاحب مصرف
broker (m)	semsār (m)	سمسار
veterinario (m)	doktore beṭary (m)	دكتور بيطري
médico (m)	doktore (m)	دكتور
camarera (f)	'āmela tandīf ɣoraf (f)	عاملة تنظيف غرف
diseñador (m)	moṣammem (m)	مصمّم
corresponsal (m)	morāsel (m)	مراسل
repartidor (m)	rāgel el delivery (m)	راجل الديلفري
electricista (m)	kahrabā'y (m)	كهربائي
músico (m)	'āzef (m)	عازف
niñera (f)	dāda (f)	دادة
peluquero (m)	ḥallā' (m)	حلّاق

pastor (m)	rāʿy (m)	راعي
cantante (m)	moṭreb (m)	مطرب
traductor (m)	motargem (m)	مترجم
escritor (m)	kāteb (m)	كاتب
carpintero (m)	naggār (m)	نجّار
cocinero (m)	ṭabbāχ (m)	طبّاخ
bombero (m)	rāgel el maṭāfy (m)	راجل المطافئ
policía (m)	ʃorṭy (m)	شرطي
cartero (m)	sāʿy el barīd (m)	ساعي البريد
programador (m)	mobarmeg (m)	مبرمج
vendedor (m)	bayāʿ (m)	بيّاع
obrero (m)	ʿāmel (m)	عامل
jardinero (m)	bostāny (m)	بستاني
fontanero (m)	samkary (m)	سمكري
dentista (m)	doktore asnān (m)	دكتور أسنان
azafata (f)	moḍīfet ṭayarān (f)	مضيفة طيران
bailarín (m)	rāqeṣ (m)	راقص
guardaespaldas (m)	ḥāres ʃaχṣy (m)	حارس شخصي
científico (m)	ʿālem (m)	عالِم
profesor (m) (~ de baile, etc.)	modarres madrasa (m)	مدرّس مدرسة
granjero (m)	mozāreʿ (m)	مزارع
cirujano (m)	garrāḥ (m)	جرّاح
minero (m)	ʿāmel mangam (m)	عامل منجم
jefe (m) de cocina	el ʃeyf (m)	الشيف
chofer (m)	sawwāʾ (m)	سوّاق

16. Los deportes

tipo (m) de deporte	nūʿ men el reyāḍa (m)	نوع من الرياضة
fútbol (m)	koret el qadam (f)	كرة القدم
hockey (m)	hoky (m)	هوكي
baloncesto (m)	koret el salla (f)	كرة السلّة
béisbol (m)	baseball (m)	بيسبول
voleibol (m)	voliball (m)	فولي بول
boxeo (m)	molakma (f)	ملاكمة
lucha (f)	moṣarʿa (f)	مصارعة
tenis (m)	tennis (m)	تنس
natación (f)	sebāḥa (f)	سباحة
ajedrez (m)	ʃaṭarang (m)	شطرنج
carrera (f)	garyī (m)	جري
atletismo (m)	alʿāb el qowa (pl)	ألعاب القوى
patinaje (m) artístico	tazallog fanny ʿalal galīd (m)	تزلّج فنّي على الجليد
ciclismo (m)	rokūb el darragāt (m)	ركوب الدرّاجات

billar (m)	bilyardo (m)	بلياردو
culturismo (m)	body building (m)	بادي بيلدنج
golf (m)	golf (m)	جولف
buceo (m)	ɣoṣe (m)	غوص
vela (f)	reyāḍa ebḥār el marākeb (f)	رياضة إبحار المراكب
tiro (m) con arco	remāya (f)	رماية
tiempo (m)	ʃoṭe (m)	شوط
descanso (m)	beyn el ʃoṭeyn	بين الشوطين
empate (m)	taʿādol (m)	تعادل
empatar (vi)	taʿādal	تعادل
cinta (f) de correr	trīdmil (f)	تريد ميل
jugador (m)	lāʿeb (m)	لاعب
reserva (m)	lāʿeb eḥteyāṭy (m)	لاعب إحتياطي
banquillo (m) de reserva	dekket el eḥṭiāṭy (f)	دكّة الإحتياطي
match (m)	mobarā (f)	مباراة
puerta (f)	marma (m)	مرمى
portero (m)	ḥāres el marma (m)	حارس المرمى
gol (m)	hadaf (m)	هدف
Juegos (m pl) Olímpicos	alʿāb olombiya (pl)	ألعاب أولمبيّة
establecer un record	fāz be raqam qeyāsy	فاز برقم قياسي
final (m)	mobarāh nehaʾiya (f)	مباراة نهائيّة
campeón (m)	baṭal (m)	بطل
campeonato (m)	boṭūla (f)	بطولة
vencedor (m)	fāʾez (m)	فائز
victoria (f)	foze (m)	فوز
ganar (vi)	fāz	فاز
perder (vi)	χeser	خسر
medalla (f)	medalya (f)	ميدالية
primer puesto (m)	el martaba el ūla (f)	المرتبة الأولى
segundo puesto (m)	el martaba el tanya (f)	المرتبة الثانية
tercer puesto (m)	el martaba el talta (f)	المرتبة الثالثة
estadio (m)	malʿab (m)	ملعب
hincha (m)	moʃaggeʿ (m)	مشجّع
entrenador (m)	modarreb (m)	مدرّب
entrenamiento (m)	tadrīb (m)	تدريب

17. Los idiomas extranjeros. La ortografía

lengua (f)	loɣa (f)	لغة
estudiar (vt)	daras	درس
pronunciación (f)	noṭʾ (m)	نطق
acento (m)	lahga (f)	لهجة

sustantivo (m)	esm (m)	اسم
adjetivo (m)	ṣefa (f)	صفة
verbo (m)	fe'l (m)	فعل
adverbio (m)	ẓarf (m)	ظرف
pronombre (m)	ḍamīr (m)	ضمير
interjección (f)	oslūb el ta'aggob (m)	أسلوب التعجّب
preposición (f)	ḥarf el garr (m)	حرف الجرّ
raíz (f), radical (m)	gezr el kelma (m)	جذر الكلمة
desinencia (f)	nehāya (f)	نهاية
prefijo (m)	sabaeqa (f)	سابقة
sílaba (f)	maqṭa' lafzy (m)	مقطع لفظي
sufijo (m)	lāḥeqa (f)	لاحقة
acento (m)	nabra (f)	نبرة
punto (m)	no'ṭa (f)	نقطة
coma (m)	faṣla (f)	فاصلة
dos puntos (m pl)	no'ṭeteyn (pl)	نقطتين
puntos (m pl) suspensivos	talat no'aṭ (pl)	ثلاث نقط
pregunta (f)	so'āl (m)	سؤال
signo (m) de interrogación	'alāmet estefhām (f)	علامة إستفهام
signo (m) de admiración	'alāmet ta'aggob (f)	علامة تعجّب
entre comillas	beyn 'alamaty el eqtebās	بين علامتي الاقتباس
entre paréntesis	beyn el qoseyn	بين القوسين
letra (f)	ḥarf (m)	حرف
letra (f) mayúscula	ḥarf kebīr (m)	حرف كبير
oración (f)	gomla (f)	جملة
combinación (f) de palabras	magmū'a men el kelamāt (pl)	مجموعة من الكلمات
expresión (f)	moṣṭalaḥ (m)	مصطلح
sujeto (m)	fā'el (m)	فاعل
predicado (m)	mosnad (m)	مسند
línea (f)	saṭr (m)	سطر
párrafo (m)	faqra (f)	فقرة
sinónimo (m)	morādef (m)	مرادف
antónimo (m)	motaḍād loɣawy (m)	متضاد لغوي
excepción (f)	estesnā' (m)	إستثناء
subrayar (vt)	ḥaṭṭ χaṭṭ taḥt	حطّ خطّ تحت
reglas (f pl)	qawā'ed (pl)	قواعد
gramática (f)	el naḥw wel ṣarf (m)	النحو والصرف
vocabulario (m)	mofradāt el loɣa (pl)	مفردات اللغة
fonética (f)	ṣawtīāt (pl)	صوتيات
alfabeto (m)	abgadiya (f)	أبجدية
manual (m)	ketāb ta'līm (m)	كتاب تعليم
diccionario (m)	qamūs (m)	قاموس

guía (f) de conversación	ketāb lel ʿebarāt el ʃāʾeʿa (m)	كتاب للعبارت الشائعة
palabra (f)	kelma (f)	كلمة
significado (m)	maʿna (m)	معنى
memoria (f)	zākera (f)	ذاكرة

18. La Tierra. La geografía

Tierra (f)	el arḍ (f)	الأرض
globo (m) terrestre	el kora el arḍiya (f)	الكرة الأرضيّة
planeta (m)	kawwkab (m)	كوّكب
geografía (f)	goɣrafia (f)	جغرافيا
naturaleza (f)	ṭabeeʿa (f)	طبيعة
mapa (m)	χarīṭa (f)	خريطة
atlas (m)	aṭlas (m)	أطلس
en el norte	fel ʃamāl	في الشمال
en el sur	fel ganūb	في الجنوب
en el oeste	fel ɣarb	في الغرب
en el este	fel ʃarʾ	في الشرق
mar (m)	baḥr (m)	بحر
océano (m)	moḥīṭ (m)	محيط
golfo (m)	χalīg (m)	خليج
estrecho (m)	maḍīq (m)	مضيق
continente (m)	qārra (f)	قارّة
isla (f)	gezīra (f)	جزيرة
península (f)	ʃebh gezeyra (f)	شبه جزيرة
archipiélago (m)	magmūʿet gozor (f)	مجموعة جزر
ensenada, bahía (f)	mināʾ (m)	ميناء
arrecife (m) de coral	ʃoʿāb morganiya (pl)	شعاب مرجانية
orilla (f)	sāḥel (m)	ساحل
costa (f)	sāḥel (m)	ساحل
flujo (m)	tayār (m)	تيّار
reflujo (m)	gozor (m)	جزر
latitud (f)	ʿarḍ (m)	عرض
longitud (f)	χaṭṭ ṭūl (m)	خطّ طول
paralelo (m)	motawāz (m)	متواز
ecuador (m)	χaṭṭ el estewāʾ (m)	خطّ الإستواء
cielo (m)	samāʾ (f)	سماء
horizonte (m)	ofoq (m)	أفق
atmósfera (f)	el ɣelāf el gawwy (m)	الغلاف الجوّي
montaña (f)	gabal (m)	جبل
cima (f)	qemma (f)	قمّة

roca (f)	garf (m)	جرف
colina (f)	tall (m)	تلّ
volcán (m)	borkān (m)	بركان
glaciar (m)	nahr galīdy (m)	نهر جليدي
cascada (f)	ʃallāl (m)	شلّال
llanura (f)	sahl (m)	سهل
río (m)	nahr (m)	نهر
manantial (m)	ʿeyn (m)	عين
ribera (f)	ḍaffa (f)	ضفّة
río abajo (adv)	maʿ ettigāh magra el nahr	مع إتّجاه مجرى النهر
río arriba (adv)	ḍed el tayār	ضد التيار
lago (m)	boḥeyra (f)	بحيرة
presa (f)	sadd (m)	سدّ
canal (m)	qanah (f)	قناة
pantano (m)	mostanqaʿ (m)	مستنقع
hielo (m)	galīd (m)	جليد

19. Los países. Unidad 1

Europa (f)	orobba (f)	أوروبّا
Unión (f) Europea	el etteḥād el orobby (m)	الإتّحاد الأوروبّي
europeo (m)	orobby (m)	أوروبّي
europeo (adj)	orobby	أوروبي
Austria (f)	el nemsa (f)	النمسا
Gran Bretaña (f)	briṭaniya el ʿozma (f)	بريطانيا العظمى
Inglaterra (f)	engeltera (f)	إنجلترا
Bélgica (f)	balʒīka (f)	بلجيكا
Alemania (f)	almānya (f)	ألمانيا
Países Bajos (m pl)	holanda (f)	هولندا
Holanda (f)	holanda (f)	هولندا
Grecia (f)	el yunān (f)	اليونان
Dinamarca (f)	el denmark (f)	الدنمارك
Irlanda (f)	irelanda (f)	أيرلندا
Islandia (f)	ʾāyslanda (f)	آيسلندا
España (f)	asbānya (f)	إسبانيا
Italia (f)	eṭālia (f)	إيطاليا
Chipre (m)	ʾobroṣ (f)	قبرص
Malta (f)	malṭa (f)	مالطا
Noruega (f)	el nerwīg (f)	النرويج
Portugal (m)	el bortoɣāl (f)	البرتغال
Finlandia (f)	finlanda (f)	فنلندا
Francia (f)	faransa (f)	فرنسا
Suecia (f)	el sweyd (f)	السويد

Suiza (f)	swesra (f)	سويسرا
Escocia (f)	oskotlanda (f)	اسكتلندا
Vaticano (m)	el vatikān (m)	الفاتيكان
Liechtenstein (m)	liʃtenʃtayn (m)	ليشتنشتاين
Luxemburgo (m)	luksemburg (f)	لوكسمبورج
Mónaco (m)	monako (f)	موناكو
Albania (f)	albānia (f)	ألبانيا
Bulgaria (f)	bolɣāria (f)	بلغاريا
Hungría (f)	el magar (f)	المجر
Letonia (f)	latvia (f)	لاتفيا
Lituania (f)	litwānia (f)	ليتوانيا
Polonia (f)	bolanda (f)	بولندا
Rumania (f)	romānia (f)	رومانيا
Serbia (f)	ṣerbia (f)	صربيا
Eslovaquia (f)	slovākia (f)	سلوفاكيا
Croacia (f)	kroātya (f)	كرواتيا
Chequia (f)	gomhoriya el tʃīk (f)	جمهورية التشيك
Estonia (f)	estūnia (f)	إستونيا
Bosnia y Herzegovina	el bosna wel harsek (f)	البوسنة والهرسك
Macedonia	maqdūnia (f)	مقدونيا
Eslovenia	slovenia (f)	سلوفينيا
Montenegro (m)	el gabal el aswad (m)	الجبل الأسود
Bielorrusia (f)	belarūsia (f)	بيلاروسيا
Moldavia (f)	moldāvia (f)	مولدافيا
Rusia (f)	rūsya (f)	روسيا
Ucrania (f)	okrānia (f)	أوكرانيا

20. Los países. Unidad 2

Asia (f)	asya (f)	آسيا
Vietnam (m)	vietnām (f)	فيتنام
India (f)	el hend (f)	الهند
Israel (m)	isra'īl (f)	إسرائيل
China (f)	el ṣīn (f)	الصين
Líbano (m)	lebnān (f)	لبنان
Mongolia (f)	manɣūlia (f)	منغوليا
Malasia (f)	malīzya (f)	ماليزيا
Pakistán (m)	bakistān (f)	باكستان
Arabia (f) Saudita	el so'odiya (f)	السعودية
Tailandia (f)	tayland (f)	تايلاند
Taiwán (m)	taywān (f)	تايوان
Turquía (f)	turkia (f)	تركيا
Japón (m)	el yabān (f)	اليابان
Afganistán (m)	afɣanistan (f)	أفغانستان

Bangladesh (m)	bangladeʃ (f)	بنجلاديش
Indonesia (f)	indonisya (f)	إندونيسيا
Jordania (f)	el ordon (m)	الأردن
Irak (m)	el 'erāq (m)	العراق
Irán (m)	iran (f)	إيران
Camboya (f)	kambodya (f)	كمبوديا
Kuwait (m)	el kuweyt (f)	الكويت
Laos (m)	laos (f)	لاوس
Myanmar (m)	myanmar (f)	ميانمار
Nepal (m)	nebāl (f)	نيبال
Emiratos (m pl) Árabes Unidos	el emārāt el 'arabiya el mottaḥeda (pl)	الإمارات العربية المتحدة
Siria (f)	soria (f)	سوريا
Palestina (f)	felesṭīn (f)	فلسطين
Corea (f) del Sur	korea el ganūbiya (f)	كوريا الجنوبيّة
Corea (f) del Norte	korea el ʃamāliya (f)	كوريا الشماليّة
Estados Unidos de América	el welayāt el mottaḥda el amrīkiya (pl)	الولايات المتّحدة الأمريكيّة
Canadá (f)	kanada (f)	كندا
Méjico (m)	el maksīk (f)	المكسيك
Argentina (f)	arʒantīn (f)	الأرجنتين
Brasil (m)	el barazīl (f)	البرازيل
Colombia (f)	kolombia (f)	كولومبيا
Cuba (f)	kūba (f)	كوبا
Chile (m)	tʃīly (f)	تشيلي
Venezuela (f)	venzweyla (f)	فنزويلا
Ecuador (m)	el equador (f)	الإكوادور
Islas (f pl) Bahamas	gozor el bahāmas (pl)	جزر البهاماس
Panamá (f)	banama (f)	بنما
Egipto (m)	maṣr (f)	مصر
Marruecos (m)	el maɣreb (m)	المغرب
Túnez (m)	tunis (f)	تونس
Kenia (f)	kenya (f)	كينيا
Libia (f)	libya (f)	ليبيا
República (f) Sudafricana	afreqia el ganūbiya (f)	أفريقيا الجنوبيّة
Australia (f)	ostorālya (f)	أستراليا
Nueva Zelanda (f)	nyu zelanda (f)	نيوزيلندا

21. El tiempo. Los desastres naturales

tiempo (m)	ṭa's (m)	طقس
previsión (f) del tiempo	naʃra gawiya (f)	نشرة جويّة
temperatura (f)	ḥarāra (f)	حرارة
termómetro (m)	termometr (m)	ترمومتر

barómetro (m)	barometr (m)	بارومتر
sol (m)	ʃams (f)	شمس
brillar (vi)	nawwar	نوّر
soleado (un día ~)	moʃmes	مشمس
elevarse (el sol)	ʃara'	شرق
ponerse (vr)	ɣarab	غرب
lluvia (f)	maṭar (m)	مطر
está lloviendo	el donia betmaṭṭar	الدنيا بتمطّر
aguacero (m)	maṭar monhamer (f)	مطر منهمر
nubarrón (m)	saḥābet maṭar (f)	سحابة مطر
charco (m)	berka (f)	بركة
mojarse (vr)	ettbal	إتّبل
tormenta (f)	ʿāṣefa raʿdiya (f)	عاصفة رعدية
relámpago (m)	bar' (m)	برق
relampaguear (vi)	baraq	برق
trueno (m)	raʿd (m)	رعد
está tronando	el samā' dawat raʿd (f)	السماء دوّت رعد
granizo (m)	maṭar bard (m)	مطر برد
está granizando	maṭṭaret bard	مطّرت برد
bochorno (m)	ḥarāra (f)	حرارة
hace mucho calor	el gaww ḥarr	الجّو حرّ
hace calor (templado)	el gaww dafa	الجّو دفا
hace frío	el gaww bāred	الجّو بارد
niebla (f)	ʃabbūra (f)	شبّورة
nebuloso (adj)	fih ʃabbūra	فيه شبّورة
nube (f)	saḥāba (f)	سحابة
nuboso (adj)	meɣayem	مغيّم
humedad (f)	roṭūba (f)	رطوبة
nieve (f)	talg (m)	ثلج
está nevando	fih talg	فيه ثلج
helada (f)	ṣaqeeʿ (m)	صقيع
bajo cero (adv)	taḥt el ṣefr	تحت الصفر
escarcha (f)	ṣaqeeʿ motagammed (m)	صقيع متجمّد
mal tiempo (m)	ṭa's saye' (m)	طقس سئ
catástrofe (f)	karsa (f)	كارثة
inundación (f)	fayaḍān (m)	فيضان
avalancha (f)	enheyār talgy (m)	إنهيار ثلجي
terremoto (m)	zelzāl (m)	زلزال
sacudida (f)	hazza arḍiya (f)	هزّة أرضية
epicentro (m)	markaz el zelzāl (m)	مركز الزلزال
erupción (f)	sawarān (m)	ثوّران
lava (f)	ḥomam borkāniya (pl)	حمم بركانية
torbellino (m), tornado (m)	eʿṣār (m)	إعصار
huracán (m)	eʿṣār (m)	إعصار

tsunami (m)	tsunāmy (m)	تسونامي
ciclón (m)	eʿṣār (m)	إعصار

22. Los animales. Unidad 1

animal (m)	ḥayawān (m)	حيوان
carnívoro (m)	moftares (m)	مفترس
tigre (m)	nemr (m)	نمر
león (m)	asad (m)	أسد
lobo (m)	zeʾb (m)	ذئب
zorro (m)	taʿlab (m)	ثعلب
jaguar (m)	nemr amrīky (m)	نمر أمريكي
lince (m)	waʃaq (m)	وشق
coyote (m)	qayūṭ (m)	قيوط
chacal (m)	ebn ʾāwy (m)	ابن آوى
hiena (f)	ḍebʿ (m)	ضبع
ardilla (f)	sengāb (m)	سنجاب
erizo (m)	qonfoz (m)	قنفذ
conejo (m)	arnab (m)	أرنب
mapache (m)	rakūn (m)	راكون
hámster (m)	hamster (m)	هامستر
topo (m)	χold (m)	خلد
ratón (m)	fār (m)	فأر
rata (f)	gerz (m)	جرذ
murciélago (m)	χoffāʃ (m)	خفّاش
castor (m)	qondos (m)	قندس
caballo (m)	ḥoṣān (m)	حصان
ciervo (m)	ayl (m)	أيل
camello (m)	gamal (m)	جمل
cebra (f)	ḥomār waḥʃy (m)	حمار وحشي
ballena (f)	ḥūt (m)	حوت
foca (f)	foqma (f)	فقمة
morsa (f)	el kabʿ (m)	الكبع
delfín (m)	dolfīn (m)	دولفين
oso (m)	dobb (m)	دبّ
mono (m)	ʾerd (m)	قرد
elefante (m)	fīl (m)	فيل
rinoceronte (m)	χartīt (m)	خرتيت
jirafa (f)	zarāfa (f)	زرافة
hipopótamo (m)	faras el nahr (m)	فرس النهر
canguro (m)	kangarū (m)	كانجّارو
gata (f)	ʾoṭṭa (f)	قطّة

perro (m)	kalb (m)	كلب
vaca (f)	ba'ara (f)	بقرة
toro (m)	sore (m)	ثور
oveja (f)	χarūf (f)	خروف
cabra (f)	me'za (f)	معزة
asno (m)	ḥomār (m)	حمار
cerdo (m)	χenzīr (m)	خنزير
gallina (f)	farχa (f)	فرخة
gallo (m)	dīk (m)	ديك
pato (m)	baṭṭa (f)	بطّة
ganso (m)	wezza (f)	وزّة
pava (f)	dīk rūmy (m)	ديك رومي
perro (m) pastor	kalb rā'y (m)	كلب رعي

23. Los animales. Unidad 2

pájaro (m)	ṭā'er (m)	طائر
paloma (f)	ḥamāma (f)	حمامة
gorrión (m)	'aṣfūr dawri (m)	عصفور دوري
carbonero (m)	qarqaf (m)	قرقف
urraca (f)	'a''a' (m)	عقعق
águila (f)	'eqāb (m)	عقاب
azor (m)	el bāz (m)	الباز
halcón (m)	ṣa'r (m)	صقر
cisne (m)	el temm (m)	التّم
grulla (f)	karkiya (m)	كركية
cigüeña (f)	loqloq (m)	لقلق
loro (m), papagayo (m)	babaɣā' (m)	ببغاء
pavo (m) real	ṭawūs (m)	طاووس
avestruz (m)	na'āma (f)	نعامة
garza (f)	belʃone (m)	بلشون
ruiseñor (m)	'andalīb (m)	عندليب
golondrina (f)	el sonūnū (m)	السنونو
pájaro carpintero (m)	na'ār el χaʃab (m)	نقار الخشب
cuco (m)	weqwāq (m)	وقواق
lechuza (f)	būma (f)	بومة
pingüino (m)	beṭrīq (m)	بطريق
atún (m)	tuna (f)	تونة
trucha (f)	salamon mera''aṭ (m)	سلمون مرقّط
anguila (f)	ḥankalīs (m)	حنكليس
tiburón (m)	'erʃ (m)	قرش
centolla (f)	kaboria (m)	كابوريا
medusa (f)	'andīl el baḥr (m)	قنديل البحر

pulpo (m)	aχṭabūṭ (m)	أخطبوط
estrella (f) de mar	negmet el baḥr (f)	نجمة البحر
erizo (m) de mar	qonfoz el baḥr (m)	قنفذ البحر
caballito (m) de mar	ḥoṣān el baḥr (m)	حصان البحر
camarón (m)	gammbary (m)	جمّبري
serpiente (f)	te'bān (m)	ثعبان
víbora (f)	af'a (f)	أفعى
lagarto (m)	seḥliya (f)	سحليّة
iguana (f)	eɣwana (f)	إغوانة
camaleón (m)	ḥerbāya (f)	حرباية
escorpión (m)	'a'rab (m)	عقرب
tortuga (f)	solḥefah (f)	سلحفاة
rana (f)	ḍeffḍa' (m)	ضفدع
cocodrilo (m)	temsāḥ (m)	تمساح
insecto (m)	ḥaʃara (f)	حشرة
mariposa (f)	farāʃa (f)	فراشة
hormiga (f)	namla (f)	نملة
mosca (f)	debbāna (f)	دبّانة
mosquito (m) (picadura de ~)	namūsa (f)	ناموسة
escarabajo (m)	χonfesa (f)	خنفسة
abeja (f)	naḥla (f)	نحلة
araña (f)	'ankabūt (m)	عنكبوت
mariquita (f)	χonfesa mena''ṭa (f)	خنفسة منقّطة

24. Los árboles. Las plantas

árbol (m)	ʃagara (f)	شجرة
abedul (m)	batola (f)	بتولا
roble (m)	ballūṭ (f)	بلّوط
tilo (m)	zayzafūn (f)	زيزفون
pobo (m)	ḥūr rāgef	حور راجف
arce (m)	qayqab (f)	قيقب
pícea (f)	rateng (f)	راتينج
pino (m)	ṣonober (f)	صنوبر
cedro (m)	el orz (f)	الأرز
álamo (m)	ḥūr (f)	حور
serbal (m)	ɣobayrā' (f)	غبيراء
haya (f)	el zān (f)	الزان
olmo (m)	derdar (f)	دردار
fresno (m)	marān (f)	مران
castaño (m)	kastanā' (f)	كستناء
palmera (f)	naχla (f)	نخلة
mata (f)	ʃogeyra (f)	شجيرة

seta (f)	feṭr (f)	فطر
seta (f) venenosa	feṭr sām (m)	فطر سام
seta calabaza (f)	feṭr boleṭe ma'kūl (m)	فطر بوليط مأكول
rúsula (f)	feṭr russula (m)	فطر روسولا
matamoscas (m)	feṭr amanīt el ṭā'er (m)	فطر أمانيت الطائر
oronja (f) verde	feṭr amanīt falusyāny el sām (m)	فطر أمانيت فالوسياني السام
flor (f)	zahra (f)	زهرة
ramo (m) de flores	bokeyh (f)	بوكيه
rosa (f)	warda (f)	وردة
tulipán (m)	tolīb (f)	توليب
clavel (m)	'oronfol (m)	قرنفل
manzanilla (f)	kamomile (f)	كاموميل
cacto (m)	ṣabbār (m)	صبّار
muguete (m)	zanbaq el wādy (f)	زنبق الوادي
campanilla (f) de las nieves	zahrat el laban (f)	زهرة اللبن
nenúfar (m)	niloferiya (f)	نيلوفرية
invernadero (m) tropical	ṣoba (f)	صوبة
césped (m)	ʿoʃb aχḍar (m)	عشب أخضر
macizo (m) de flores	geneynet zohūr (f)	جنينة زهور
planta (f)	nabāt (m)	نبات
hierba (f)	ʿoʃb (m)	عشب
hoja (f)	wara'a (f)	ورقة
pétalo (m)	wara'et el zahra (f)	ورقة الزهرة
tallo (m)	sāq (f)	ساق
retoño (m)	nabta saɣīra (f)	نبتة صغيرة
cereales (m pl) (plantas)	maḥaṣīl el ḥubūb (pl)	محاصيل الحبوب
trigo (m)	'amḥ (m)	قمح
centeno (m)	ʃelm mazrūʿ (m)	شيلم مزروع
avena (f)	ʃofān (m)	شوفان
mijo (m)	el deχn (m)	الدُخن
cebada (f)	ʃeʿīr (m)	شعير
maíz (m)	dora (f)	ذرة
arroz (m)	rozz (m)	رزّ

25. Varias palabras útiles

alto (m) (parada temporal)	estrāḥa (f)	إستراحة
ayuda (f)	mosaʿda (f)	مساعدة
balance (m)	tawāzon (m)	توازن
base (f) (~ científica)	asās (m)	أساس
categoría (f)	fe'a (f)	فئة
coincidencia (f)	ṣodfa (f)	صدّفة
comienzo (m) (principio)	bedāya (f)	بداية

comparación (f)	moqarna (f)	مقارنة
desarrollo (m)	tanmeya (f)	تنمية
diferencia (f)	far' (m)	فرق
efecto (m)	ta'sīr (m)	تأثير
ejemplo (m)	mesāl (m)	مثال
variedad (f) (selección)	eχteyār (m)	إختيار
elemento (m)	'onṣor (m)	عنصر
error (m)	χaṭa' (m)	خطأ
esfuerzo (m)	mag-hūd (m)	مجهود
estándar (adj)	'ādy -qeyāsy	عادي, قياسي
estilo (m)	oslūb (m)	أسلوب
forma (f) (contorno)	ʃakl (m)	شكل
grado (m) (en mayor ~)	daraga (f)	درجة
hecho (m)	ḥa'ī'a (f)	حقيقة
ideal (m)	mesāl (m)	مثال
modo (m) (de otro ~)	ṭarī'a (f)	طريقة
momento (m)	laḥza (f)	لحظة
obstáculo (m)	'aqaba (f)	عقبة
parte (f)	goz' (m)	جزء
pausa (f)	estrāḥa (f)	إستراحة
posición (f)	mawqef (m)	موّقف
problema (m)	moʃkela (f)	مشكلة
proceso (m)	'amaliya (f)	عمليّة
progreso (m)	ta'addom (m)	تقدّم
propiedad (f) (cualidad)	χaṣṣa (f)	خاصّة
reacción (f)	radd fe'l (m)	ردّ فعل
riesgo (m)	moχaṭra (f)	مخاطرة
secreto (m)	serr (m)	سرّ
serie (f)	selsela (f)	سلسلة
sistema (m)	nezām (m)	نظام
situación (f)	ḥāla (f), waḍ' (m)	حالة, وضع
solución (f)	ḥall (m)	حلّ
tabla (f) (~ de multiplicar)	gadwal (m)	جدوّل
tempo (m) (ritmo)	eqā' (m)	إيقاع
término (m)	moṣṭalaḥ (m)	مصطلح
tipo (m) (p.ej. ~ de deportes)	nū' (m)	نوع
turno (m) (esperar su ~)	dore (m)	دور
urgente (adj)	mesta'gel	مستعجل
utilidad (f)	manf'a (f)	منفعة
variante (f)	ʃakl moχtalef (m)	شكل مختلف
verdad (f)	ḥa'ī'a (f)	حقيقة
zona (f)	mante'a (f)	منطقة

26. Los adjetivos. Unidad 1

abierto (adj)	maftūḥ	مفتوح
adicional (adj)	eḍāfy	إضافي
agrio (sabor ~)	ḥāmeḍ	حامض
agudo (adj)	ḥād	حاد
amargo (adj)	morr	مرّ
amplio (~a habitación)	wāseʿ	واسع
antiguo (adj)	ʾadīm	قديم
arriesgado (adj)	mogāzef	مجازف
artificial (adj)	ṣenāʿy	صناعي
azucarado, dulce (adj)	mesakkar	مسكّر
bajo (voz ~a)	wāṭy	واطي
bello (hermoso)	gamīl	جميل
blando (adj)	nāʿem	ناعم
bronceado (adj)	asmar	أسمر
central (adj)	markazy	مركزي
ciego (adj)	aʿma	أعمى
clandestino (adj)	serry	سرّي
compatible (adj)	motawāfaq	متوافق
congelado (pescado ~)	mogammad	مجمّد
contento (adj)	rāḍy	راضي
continuo (adj)	momtad	ممتد
cortés (adj)	moʾaddab	مؤدّب
corto (adj)	ʾaṣīr	قصير
crudo (huevos ~s)	nayī	نيّ
de segunda mano	mostaʿmal	مستعمل
denso (~a niebla)	kasīf	كثيف
derecho (adj)	el yemīn	اليمين
difícil (decisión)	ṣaʿb	صعب
dulce (agua ~)	ʿazb	عذب
duro (material, etc.)	gāmed	جامد
enfermo (adj)	ʿayān	عيّان
enorme (adj)	ḍaχm	ضخم
especial (adj)	χāṣṣ	خاصّ
estrecho (calle, etc.)	ḍayeʾ	ضيّق
exacto (adj)	maẓbūṭ	مظبوط
excelente (adj)	momtāz	ممتاز
excesivo (adj)	mofreṭ	مفرط
exterior (adj)	χāregy	خارجي
fácil (adj)	sahl	سهل
feliz (adj)	saʿīd	سعيد
fértil (la tierra ~)	χeṣb	خصب
frágil (florero, etc.)	qābel lel kasr	قابل للكسر

fuerte (~ voz)	ʿāly	عالي
fuerte (adj)	ʾawy	قوّي
grande (en dimensiones)	kebīr	كبير
gratis (adj)	be balāʃ	ببلاش
importante (adj)	mohemm	مهّم
infantil (adj)	lel aṭfāl	للأطفال
inmóvil (adj)	sābet	ثابت
inteligente (adj)	zaky	ذكي
interior (adj)	dāχely	داخلي
izquierdo (adj)	el ʃemāl	الشمال

27. Los adjetivos. Unidad 2

largo (camino)	ṭawīl	طويل
legal (adj)	qanūny	قانوني
ligero (un metal ~)	χafīf	خفيف
limpio (camisa ~)	neḍīf	نظيف
líquido (adj)	sāʾel	سائل
liso (piel, pelo, etc.)	amlas	أملس
lleno (adj)	malyān	مليان
maduro (fruto, etc.)	mestewy	مستوّي
malo (adj)	weḥeʃ	وحش
mate (sin brillo)	maṭfy	مطفي
misterioso (adj)	ɣāmeḍ	غامض
muerto (adj)	mayet	ميّت
natal (país ~)	aṣly	أصلي
negativo (adj)	salby	سلبي
no difícil (adj)	meʃ ṣaʿb	مش صعب
normal (adj)	ʿādy	عادي
nuevo (adj)	gedīd	جديد
obligatorio (adj)	ḍarūry	ضروري
opuesto (adj)	moqābel	مقابل
ordinario (adj)	ʿādy	عادي
original (inusual)	aṣly	أصلي
peligroso (adj)	χaṭīr	خطير
pequeño (adj)	ṣoɣeyyir	صغيّر
perfecto (adj)	momtāz	ممتاز
personal (adj)	ʃaχṣy	شخصي
pobre (adj)	faʾīr	فقير
poco claro (adj)	meʃ wāḍeḥ	مش واضح
poco profundo (adj)	ḍaḥl	ضحل
posible (adj)	momken	ممكن
principal (~ idea)	asāsy	أساسي
principal (la entrada ~)	raʾīsy	رئيسي

probable (adj)	moḥtamal	محتمل
público (adj)	ʿām	عام
rápido (adj)	sareeʿ	سريع
raro (adj)	nāder	نادر
recto (línea ~a)	mostaqīm	مستقيم
sabroso (adj)	ṭaʿmo ḥelw	طعمه حلو
siguiente (avión, etc.)	elly gayī	اللي جاي
similar (adj)	ʃabīh	شبيه
sólido (~a pared)	matīn	متين
sucio (no limpio)	wesex	وسخ
tonto (adj)	ɣaby	غبي
triste (mirada ~)	zaʿlān	زعلان
último (~a oportunidad)	ʾāxer	آخر
último (~a vez)	māḍy	ماضي
vacío (vaso medio ~)	xāly	خالي
viejo (casa ~a)	ʾadīm	قديم

28. Los verbos. Unidad 1

abrir (vt)	fataḥ	فتح
acabar, terminar (vt)	xallaṣ	خلّص
acusar (vt)	ettaham	إتّهم
agradecer (vt)	ʃakar	شكر
almorzar (vi)	etɣadda	إتغدّى
alquilar (~ una casa)	estʾgar	إستأجر
anular (vt)	alɣa	ألغى
anunciar (vt)	aʿlan	أعلن
apagar (vt)	ṭaffa	طفّى
autorizar (vt)	samaḥ	سمح
ayudar (vt)	sāʿed	ساعد
bailar (vi, vt)	raʾaṣ	رقص
beber (vi, vt)	ʃereb	شرب
borrar (vt)	masaḥ	مسح
bromear (vi)	hazzar	هزّر
bucear (vi)	ɣāṣ	غاص
caer (vi)	weʾeʿ	وقع
cambiar (vt)	ɣayar	غيّر
cantar (vi)	ɣanna	غنّى
cavar (vt)	ḥafar	حفر
cazar (vi, vt)	eṣṭād	اصطاد
cenar (vi)	etʿasʃa	إتعشّى
cerrar (vt)	ʾafal	قفل
cesar (vt)	baṭṭal	بطّل
coger (vt)	mesek	مسك

comenzar (vt)	bada'	بدأ
comer (vi, vt)	akal	أكل
comparar (vt)	qāran	قارن
comprar (vt)	eʃtara	إشترى
comprender (vt)	fehem	فهم
confiar (vt)	wasaq	وثق
confirmar (vt)	akkad	أكّد
conocer (~ a alguien)	'eref	عرف
construir (vt)	bana	بنى
contar (una historia)	ḥaka	حكى
contar (vt) (enumerar)	'add	عدّ
contar con ...	e'tamad 'ala ...	إعتمد على...
copiar (vt)	nasaχ	نسخ
correr (vi)	gery	جري
costar (vt)	kallef	كلّف
crear (vt)	'amal	عمل
creer (en Dios)	aman	أمن
dar (vt)	edda	إدّى
decidir (vt)	'arrar	قرّر
decir (vt)	'āl	قال
dejar caer	wa''a'	وقّع
depender de ...	e'tamad 'ala ...	إعتمد على...
desaparecer (vi)	eχtafa	إختفى
desayunar (vi)	feṭer	فطر
despreciar (vt)	eḥtaqar	إحتقر
disculpar (vt)	'azar	عذر
disculparse (vr)	e'tazar	إعتذر
discutir (vt)	nā'eʃ	ناقش
divorciarse (vr)	ṭalla'	طلّق
dudar (vt)	ʃakk fe	شكّ في

29. Los verbos. Unidad 2

encender (vt)	fataḥ, ʃagɣal	فتح, شغّل
encontrar (hallar)	la'a	لقى
encontrarse (vr)	'ābel	قابل
engañar (vi, vt)	χada'	خدع
enviar (vt)	arsal	أرسل
equivocarse (vr)	ɣeleṭ	غلط
escoger (vt)	eχtār	إختار
esconder (vt)	χabba	خبّأ
escribir (vt)	katab	كتب
esperar (aguardar)	estanna	إستنّى
esperar (tener esperanza)	tamanna	تمنّى

estar ausente	ɣāb	غاب
estar cansado	te'eb	تعب
estar de acuerdo	ettafa'	إتّفق
estudiar (vt)	daras	درس
exigir (vt)	ṭāleb	طالب
existir (vi)	kān mawgūd	كان موّجود
explicar (vt)	ʃaraḥ	شرح
faltar (a las clases)	ɣāb	غاب
felicitar (vt)	hanna	هنّأ
firmar (~ el contrato)	waqqa'	وقّع
girar (~ a la izquierda)	ḥād	حاد
gritar (vi)	ṣarrax	صرّخ
guardar (conservar)	ḥafaẓ	حفظ
gustar (vi)	'agab	عجب
hablar (vi, vt)	kallem	كلّم
hablar con ...	kallem ...	كلّم...
hacer (vt)	'amal	عمل
hacer la limpieza	ratteb	رتّب
insistir (vi)	aṣarr	أصرّ
insultar (vt)	ahān	أهان
invitar (vt)	'azam	عزم
ir (a pie)	meʃy	مشى
jugar (divertirse)	le'eb	لعب
leer (vi, vt)	'ara	قرأ
llegar (vi)	weṣel	وصل
llorar (vi)	baka	بكى
matar (vt)	'atal	قتل
mirar a ...	baṣṣ	بصّ
molestar (vt)	az'ag	أزعج
morir (vi)	māt	مات
mostrar (vt)	warra	ورّى
nacer (vi)	etwalad	إتولّد
nadar (vi)	'ām	عام
negar (vt)	ankar	أنكر
obedecer (vi, vt)	ṭā'	طاع
odiar (vt)	kereh	كره
oír (vt)	seme'	سمع
olvidar (vt)	nesy	نسي
orar (vi)	ṣalla	صلّى

30. Los verbos. Unidad 3

pagar (vi, vt)	dafa'	دفع
participar (vi)	ʃārek	شارك

pegar (golpear)	ḍarab	ضرب
pelear (vi)	χāne'	خانق
pensar (vi, vt)	fakkar	فكّر
perder (paraguas, etc.)	ḍaya'	ضيّع
perdonar (vt)	'afa	عفا
pertenecer a ...	χaṣṣ	خصّ
poder (v aux)	'eder	قدر
poder (v aux)	'eder	قدر
preguntar (vt)	sa'al	سأل
preparar (la cena)	ḥaḍḍar	حضّر
prever (vt)	tanabba'	تنبّأ
probar (vt)	asbat	أثبت
prohibir (vt)	mana'	منع
prometer (vt)	wa'ad	وعد
proponer (vt)	'araḍ	عرض
quebrar (vt)	kasar	كسر
quejarse (vr)	ʃaka	شكا
querer (amar)	ḥabb	حبّ
querer (desear)	'āyez	عايز
recibir (vt)	estalam	إستلم
repetir (vt)	karrar	كرّر
reservar (~ una mesa)	ḥagaz	حجز
responder (vi, vt)	gāwab	جاوب
robar (vt)	sara'	سرق
saber (~ algo mas)	'eref	عرف
salvar (vt)	anqaz	أنقذ
secar (ropa, pelo)	gaffaf	جفّف
sentarse (vr)	'a'ad	قعد
sonreír (vi)	ebtasam	إبتسم
tener (vt)	malak	ملك
tener miedo	χāf	خاف
tener prisa	esta'gel	إستعجل
tener prisa	mesta'gel	مستعجل
terminar (vt)	anha	أنهى
tirar, disparar (vi)	ḍarab bel nār	ضرب بالنار
tomar (vt)	aχad	أخذ
trabajar (vi)	eʃtaɣal	إشتغل
traducir (vt)	targem	ترجم
tratar (de hacer algo)	ḥāwel	حاول
vender (vt)	bā'	باع
ver (vt)	ʃāf	شاف
verificar (vt)	eχtabar	إختبر
volar (pájaro, avión)	ṭār	طار

www.ingramcontent.com/pod-product-compliance
Lightning Source LLC
Chambersburg PA
CBHW060030050426
42448CB00012B/2938
* 9 7 8 1 7 8 7 1 6 9 6 4 7 *